INSULTOS
de otro tiempo

Navarra
Siglos XVI-XVII

EXPOSICIÓN

INSULTOS DE OTRO TIEMPO.
Navarra, siglos XVI-XVII

ORGANIZA

Gobierno de Navarra. Archivo Real y General de Navarra

COMISARIADO

Jesús M. Usunáriz Garayoa

Cristina Tabernero Sala

Javier Ruiz Astiz

COORDINACIÓN

Félix Segura Urra

DIRECCIÓN TÉCNICA Y MONTAJE

Muraria S.L.

    Fernando Cañada Palacio

    Roberto Ciganda Elizondo

DISEÑO

José Miguel Parra Torres

DIGITALIZACIÓN

Inetum Norte S.L.U.

    Elena Cabello Ruiz

RESTAURACIÓN

Dokuzain S.L.U.

    Raquel Pérez Mata

    Alejandra de la Rosa López

    Ainhoa Ekai Alchu

PRODUCCIÓN GRÁFICA

Grupo Zunzarren

TRADUCCIÓN

Archivo Real y General de Navarra

    Maitane Pernaut Elía

ASISTENCIA TÉCNICA

Raúl Gastón Rincón

José Landa Remírez

COLABORAN

Biblioteca de Navarra

Archivo Histórico Nacional

CATÁLOGO

EDICIÓN

Gobierno de Navarra. Departamento de Cultura, Deporte y Turismo

TEXTOS Y SELECCIÓN DOCUMENTAL

Jesús M. Usunáriz Garayoa

Cristina Tabernero Sala

Javier Ruiz Astiz

COORDINACIÓN

Félix Segura Urra

DISEÑO GRÁFICO

José Miguel Parra Torres

FOTOGRAFÍA

Archivo Real y General de Navarra

José Luis Larrión

© Gobierno de Navarra

© Los autores, de sus respectivos textos

© Autores y depositarios, por las imágenes

IMPRESIÓN

Gráficas Castuera

DL NA 1268-2025

ISBN: 978-84-235-3735-8

PROMOCIÓN Y DISTRIBUCIÓN

Fondo de Publicaciones del Gobierno de Navarra

Calle Navas de Tolosa, 21

31002 Pamplona

Tel.: 848 427 121

fondo.publicaciones@navarra.es

https://publicaciones.navarra.es

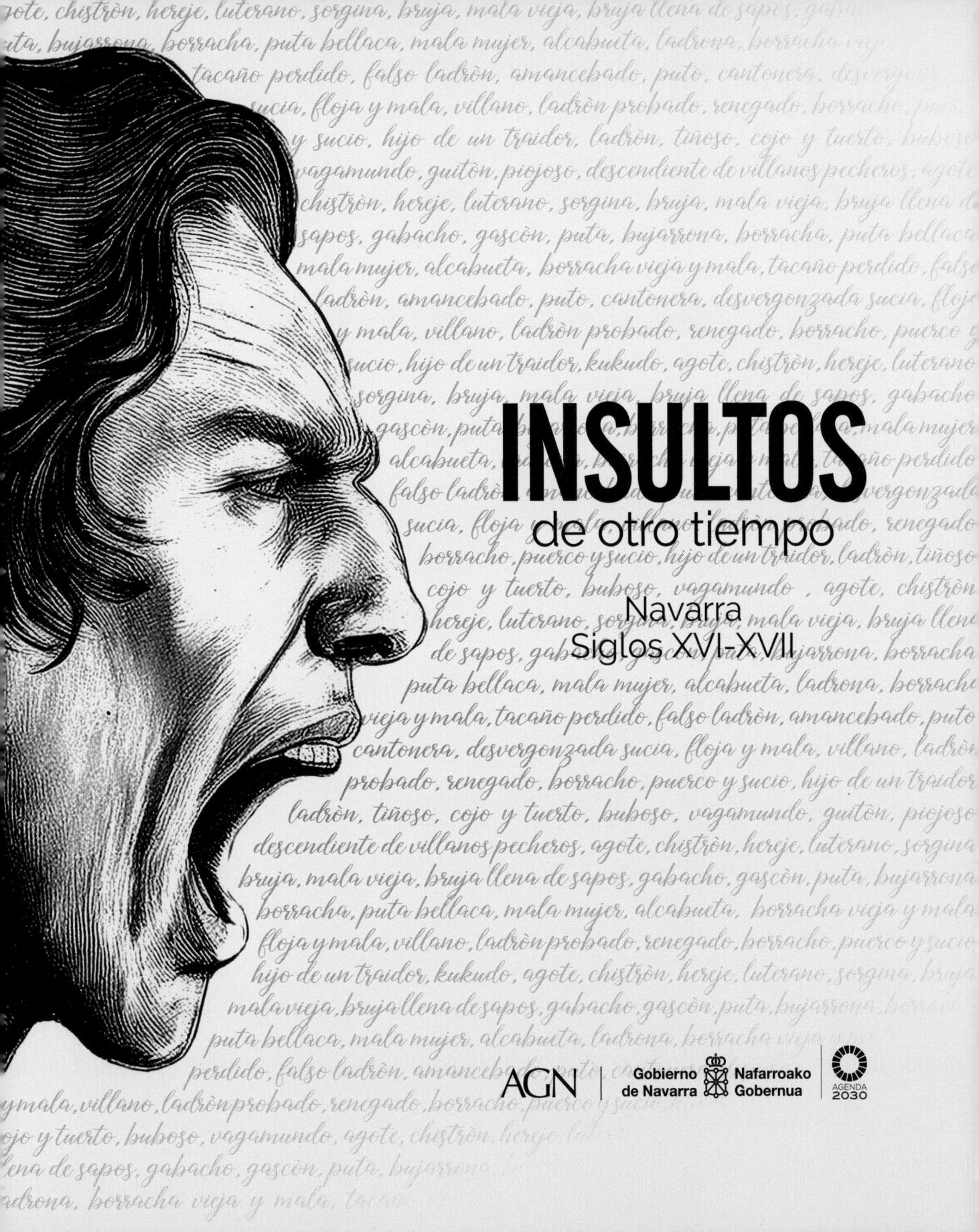

INSULTOS
de otro tiempo

Navarra
Siglos XVI-XVII

AGN | Gobierno de Navarra · Nafarroako Gobernua | AGENDA 2030

agote, chistrón, hereje, luterano, sorgina, bruja, mala vieja, bruja llena de sapos,
puta, bujarrona, borracha, puta bellaca, mala mujer, alcabueta, ladrona, borracha
tacaño perdido, falso ladrón, amancebado, puto, cantonera, desvergonzada sucia, floja
villano, ladrón probado, renegado, borracho, puerco y sucio, hijo de un traidor, ladrón, tiñoso
tuerto, buboso, vagamundo, guitón, piojoso, descendiente de villanos pecheros, agote, chistrón
luterano, sorgina, bruja, mala vieja, bruja llena de sapos, gabacho, gascón, puta, bujarrona, borrach
puta bellaca, mala mujer, alcabueta, borracha vieja y mala, tacaño perdi
falso ladrón, amancebado, puto, cantonera, desvergonzada su
floja y mala, villano, ladrón probado, renegado, borracho, puerc
sucio, hijo de un traidor, kukudo, agote, chistrón, hereje, luteran
sorgina, bruja, mala vieja, bruja llena de sapos, gabach
gascón, puta, bujarrona, borracha, puta bellac
mala mujer, alcabueta, ladrona, borracha vieja
mala, tacaño perdido, falso ladrón, amancea
tó, cantonera, desvergonzada sucia, floja y ma
illano, ladrón probado, renegado, borracho, puerc
y sucio, hijo de un traidor, ladrón, tiñoso, cojo y tuer
buboso, vagamundo, agote, chistrón, hereje, luteran
sorgina, bruja, mala vieja, bruja llena de sapos, gabach
gascón, puta, bujarrona, borracha, puta bellaca, ma
mujer, alcabueta, ladrona, borracha vieja y mala, taca
perdido, falso ladrón, amancebado, puto, cantone
desvergonzada sucia, floja y mala, villano, ladr
probado, renegado, borracho, puerco y sucio, hijo de
traidor, ladrón, tiñoso, cojo y tuerto, buboso, vagamund
guitón, piojoso, descendiente de villanos pecheros, ago
chistrón, hereje, luterano, sorgina, bruja, mala vieja, bru
llena de sapos, gabacho, gascón, puta, bujarrona, borrach
puta bellaca, mala mujer, alcabueta, borracha vieja y ma
floja y mala, villano, ladrón probado, renegado, borrach
puerco y sucio, hijo de un traidor, kukudo, agote, chistr
luterano, sorgina, bruja, mala vieja, bruja ll
gabacho, gascón, puta, bujarrona, b
mala mujer, alcabueta, bo
tacaño perdi

ÍNDICE

agote, chistrón, hereje, luterano, sorgina, bruja, mala vieja, bruja llena de sapos, gabacho, gascón
bujarrona, borracha, puta bellaca, mala mujer, alcabueta, ladrona
vieja y mala, tacaño perdido, falso ladrón, amancebado, puto
desvergonzada sucia, floja y mala, villano, ladrón probado
borracho, puerco y sucio, hijo de un traidor, ladrón, tiñoso, cojo y
buboso, vagamundo, guitón, piojoso, descendiente de villanos
agote, chistrón, hereje, luterano, sorgina, bruja, mala vieja
de sapos, gabacho, gascón, puta, bujarrona, borracha, puta
mala mujer, alcabueta, borracha vieja y mala, tacaño perdido
ladrón, amancebado, puto, cantonera, desvergonzada sucia
y mala, villano, ladrón probado, renegado, borracho
sucio, hijo de un traidor, kukudo, agote, chistrón, hereje
sorgina, bruja, mala vieja, bruja llena de sapos
gascón, puta, bujarrona, borracha, puta bellaca, mala
alcabueta, ladrona, borracha vieja y mala, tacaño
falso ladrón, amancebado, puto, cantonera
sucia, floja y mala, villano, ladrón probado
borracho, puerco y sucio, hijo de un traidor, ladrón
cojo y tuerto, buboso, vagamundo, agote
hereje, luterano, sorgina, bruja, mala vieja, bruja
de sapos, gabacho, gascón, puta, bujarrona
puta bellaca, mala mujer, alcabueta, ladrona, borracha
y mala, tacaño perdido, falso ladrón, amancebado
cantonera, desvergonzada sucia, floja y mala, villano
probado, renegado
vagamundo, guitón

Entre 2016 y 2023, en España se dictaron más de 5300 condenas por delitos contra el honor (injurias y calumnias), a las que habría que sumar los delitos de odio que dieron lugar a cerca de 2300 denuncias en el año 2023. Estos datos apuntan al uso habitual del insulto en las calles, en los estadios, en los medios de comunicación o en las redes sociales. El insulto es una forma corriente de expresar la ira, la burla, el menosprecio, el odio o la xenofobia; tras él se adivinan y afloran emociones que constituyen un reflejo de lo que piensan, creen y valoran los individuos. Este fenómeno tan actual supera, sin embargo, la barrera del tiempo.

En comparación, el Archivo Real y General de Navarra alberga entre sus extraordinarios fondos, desde 1500 a 1836, más de 9000 pleitos que tienen a la injuria como protagonista. Esta cifra demuestra el importante papel del insulto, en sus distintas manifestaciones (verbal, escrita, gestual), en una sociedad tensionada por las guerras, por las dificultades y penurias económicas, por los conflictos políticos locales, por la importancia de cuestiones como la limpieza de sangre, la lealtad religiosa o la moral. De este contexto derivaba la necesidad del injuriado de recuperar en los tribunales la reputación mancillada y el consiguiente incremento de las causas judiciales incoadas por este motivo. No debe perderse de vista, además, el interés de las autoridades religiosas y civiles por disciplinar el lenguaje y, con ello, a la comunidad en su conjunto, a fin de evitar el desorden, el pecado, los enfrentamientos y la venganza.

La exposición «Insultos de otro tiempo. Navarra, siglos XVI-XVII» quiere mostrar una selección de los insultos conservados en los documentos y la validez del análisis del contexto histórico para entender cómo hablaban, actuaban y pensaban los hombres y mujeres del pasado. Desde este conocimiento, será inevitable la comparación con nuestro presente y la constatación de las muchas diferencias que nos separan, pero también de las múltiples semejanzas que nos unen.

ÍNDICE DE DOCUMENTOS EXPUESTOS

DOCUMENTO 1.1

Fuero Reducido, Libro VI, título VI: «De injurias, daños, calonias y penas».

1538

AGN, CÓDICES, A8, fol. 102v

....

DOCUMENTO 1.2

Martín de Azpilcueta, *Manual de confesores y penitentes.*

Estella, Adrián de Anvers, 1566, pp. 312-313

Biblioteca de Navarra, FA/4110

....

DOCUMENTO 1.3

Proceso de Tristán de Hueto, soldado de la Compañía del capitán Pedro de Sarabia, y María de Eugui, su mujer, contra Miguel de Urrutia, zurrador, vecino de Pamplona, sobre injurias.

Pamplona, 15 de marzo de 1588

AGN, Corte Mayor, Proceso n. 120046, fol. 1r

....

DOCUMENTO 1.4

Proceso de Sebastián San Juan, pescador, vecino de Tudela, contra Juan de Férriz y Miguel de Férriz, padre e hijo, vecinos de Tudela, sobre injurias.

Tudela, 26 de noviembre de 1603

AGN, Corte Mayor, Proceso n. 149393, fol. 14v

....

DOCUMENTO 1.5

Proceso de Carlos de Liédena, vecino de Lumbier, contra Juan Soro, zapatero, vecino de Lumbier, sobre injurias.

Pamplona, 16 de marzo de 1528

AGN, Corte Mayor, Proceso n. 209347, fol. 40r

....

DOCUMENTO 2.1

Proceso del Fiscal contra Sancho Miguel de Lezáun, tendero, vecino de Funes, preso, sobre injurias.

Peralta, 19 de julio de 1545

AGN, Consejo Real, Proceso n. 009388, fol. 2v

....

DOCUMENTO 2.2

Proceso de Diego de Berberana, médico, vecino de Tudela, contra Juan de Landa, cirujano, vecino de Tudela, sobre injurias.

Pamplona, 17 de julio de 1626

AGN, Consejo Real, Proceso n. 003003, fol. 3r

....

DOCUMENTO 2.3

Proceso de Catalina de Orrio, vecina de Pamplona, contra María Martín de Nagore, vecina de Pamplona, sobre injurias.

Pamplona, 8 de julio de 1642

AGN, Corte Mayor, Proceso n. 202492, fol. 3r

....

DOCUMENTO 2.4

Proceso del Fiscal y Martín de Berdún, librero, vecino de Pamplona, contra Pedro de Sarasa, vecino de Pamplona, preso, sobre colocación de libelos difamatorios en lugares públicos.

Pamplona, 9 de agosto de 1617

AGN, Consejo Real, Proceso n. 041939, fol. 47r

....

DOCUMENTO 2.5

Proceso del Fiscal, Pedro Garcés, vicario de la iglesia parroquial de Cascante, y otros, vecinos de Cascante, contra Miguel López de Ribaforada y Rodrigo de Rebolledo, vecinos de Cascante, sobre divulgación de libelo difamatorio.

Cascante, 23 de diciembre de 1566

AGN, Consejo Real, Proceso n. 097540, fol. 50r

....

DOCUMENTO 2.6

Proceso del Fiscal y Martín de Alda, repetidor del Estudio de Gramática, vecino de Pamplona, contra Juan de Subiza, alias Asiain, y otros, maestros, sobre libelo difamatorio.

Pamplona, 1572

AGN, Consejo Real, Proceso n. 028019, fol. 4r

....

DOCUMENTO 2.7

Proceso del Fiscal y Jerónimo de Berrio, vicario de la iglesia parroquial de Arre, contra Martín de Echarri, Juan de Artica y otros, vecinos de Arre, sobre injurias y cencerrada.

Pamplona, septiembre de 1612

AGN, Consejo Real, Proceso n. 041424, fol. 15v

....

DOCUMENTO 2.8

Proceso del Fiscal, Alfonso Virto, Pedro Fernández y otros, vecinos de Corella, contra Martín de Escudero, vecino de Corella, sobre libelo difamatorio por composición de unas coplas y agresión con resultado de heridas.

Corella, 1 de junio de 1561

AGN, Consejo Real, Proceso n. 066733, fol. 158v-159r

....

DOCUMENTO 2.9

Proceso de Martín Miguel de Lizasoáin, su mujer, y

9

Elena Lizasoáin, su hija, vecinos de Lizasoáin, contra Elvira de Lizasoáin, vecina de Lizasoáin, sobre injurias.

Pamplona, 5 de noviembre de 1551

AGN, Corte Mayor, Proceso n. 197661, fol. 1r

....

DOCUMENTO 2.10

Proceso de Francisco Arrazubi, vecino de Tafalla, contra Juana de Boloque, mujer de Miguel Remírez, vecina de Tafalla, sobre injurias.

Tafalla, 11 de enero de 1580

AGN, Corte Mayor, Proceso n. 119278, fol. 8r

....

DOCUMENTO 2.11

Proceso del Fiscal y Pedro de Izurdiaga, vecino de Pamplona, contra Miguel Ilzarbe, pelaire, vecino de Pamplona, sobre injurias y agresión.

Pamplona, 13 de marzo de 1550

AGN, Corte Mayor, Proceso n. 184625, fol. 26v

....

DOCUMENTO 2.12

Proceso de Juan de Ulzurrun y María Fernández, su mujer, vecinos de Pamplona, contra Bárbara de Nuin y Josefa Remírez de Lerín, su criada, vecinas de Pamplona, sobre injurias.

Estella, 22 de noviembre de 1671

AGN, Consejo Real, Proceso n. 076816, fol. 2v

....

DOCUMENTO 2.13

Proceso de María Miguel de Garralda, mujer de Miguel de Elcano, pelaire, vecina de Pamplona, contra Juan de Elizondo, bastero, vecino de Pamplona, sobre injurias.

Pamplona, 1 de diciembre de 1561

AGN, Corte Mayor, Proceso n. 145491, fol. 4r

....

DOCUMENTO 2.14

Proceso de Catalina de Irañeta, mujer de Martín de Beramendi, fustero, vecina de Pamplona, contra Fernando de Aldaz, fustero, vecino de Pamplona, sobre injurias.

Pamplona, 25 de junio de 1538

AGN, Corte Mayor, Proceso n. 209633, fol. 22r

....

DOCUMENTO 2.15

Proceso de Catalina Lanz, vecina de Vergara y residente en el barrio de la Magdalena de Pamplona, contra Catalina Lanz, Pedro Zuriain y Juana Martin, mujer de

Martín Ardaiz, residentes en el barrio de la Magdalena de Pamplona, sobre injurias.

Pamplona, 1 de mayo de 1563

AGN, Corte Mayor, Proceso n. 146702, fol. 1v

....

DOCUMENTO 2.16

Proceso de Sancho de Agorreta, calcetero, vecino de Pamplona, contra Pedro de Echaverri, Agustín Gómez y otros, residentes en Pamplona, sobre injurias.

Pamplona, 29 de febrero de 1596

AGN, Corte Mayor, Proceso n. 283531, fol. 9v-10

....

DOCUMENTO 2.17

Proceso del Fiscal y Graciana Redín, mujer de Juan de Ochovi, burullero, vecina de Pamplona, contra Juan de Lizasoáin, soldado, vecino de Pamplona, sobre injurias y amenazas en la plaza del palacio real durante el juego de bolos.

Pamplona, 26 de enero de 1562

AGN, Corte Mayor, Proceso n. 198457, fol. 3r

....

DOCUMENTO 2.18

Proceso de María Olagüe, vecina de Pamplona, contra María Beruete, vecina de Pamplona, sobre injurias.

Pamplona, 30 de octubre de 1544

AGN, Consejo Real, Proceso n. 036439, fol. 2v

....

DOCUMENTO 2.19

Proceso de Pascual de Abáigar, pelaire, y Blanca de Villanueva, su mujer, vecinos de Estella, contra Catalina de Lusagasti, mujer de Jorge de Mendilibarri, vecina de Estella, sobre injurias.

Estella, 1 de abril de 1569

AGN, Corte Mayor, Proceso n. 211774, fol. 3v

....

DOCUMENTO 2.20

Proceso de Vicente Ichaso y María de Arraya, su mujer, vecinos de Estella, contra Martín de Munárriz, pelaire, y Catalina de Grocin, su mujer, vecinos de Estella, sobre injurias.

Estella, 27 de septiembre de 1590

AGN, Consejo Real, Proceso n. 012163, fol. 19r

....

DOCUMENTO 2.21

Proceso del Fiscal y Luis París, cerrajero, vecino de Pamplona, contra Salvador de Arre, vecino de Arre, sobre injurias y agresión por una bofetada.

11

DOCUMENTO 3.9

Proceso de Juan de Membiela, guantero, residente en Pamplona, contra Martín Pérez de Gaztelu, guantero, residente en Pamplona, sobre injurias.

Pamplona, 20 de agosto de 1588

AGN, Corte Mayor, Proceso n. 148151, fol. 1v

....

DOCUMENTO 3.10

Proceso del Fiscal, Ramón de Uscarrés y Catalina Alli, su mujer, vecinos de Santacara, contra María Paniagua, mujer de Juan de Pierres, vecina de Santacara, sobre injurias.

Santacara, 17 de abril de 1565

AGN, Consejo Real, Proceso n. 097373, fol. 4r

....

DOCUMENTO 3.11

Proceso de Juan Epároz Sagardoy y Margarita Epároz Sagardoy, su hija, vecinos de Sangüesa, contra Juan Alastuey, marido de Margarita Epároz Sagardoy, vecino de Sangüesa, sobre injurias y malos tratos a su mujer.

Sangüesa, 12 de agosto de 1636

AGN, Corte Mayor, Proceso n. 202189, fol. 1r

....

DOCUMENTO 3.12

Proceso de Juan de Ureña y Catalina de Ureña, su hija, mujer de Miguel Carrillo, vecinos de Moreda de Álava, contra Miguel Carrillo, su yerno, marido, vecino de Viana, sobre pago de alimentos por separación matrimonial a causa de malos tratos y amenazas de muerte.

Viana, 7 de julio de 1561

AGN, Corte Mayor, Proceso n. 145385, fol. 2v-3r

....

DOCUMENTO 3.13

Proceso del Fiscal y María de Larrasoaña, mujer de Martín de Aizcorbe, vecina de Pamplona, contra María de Aizcorbe, su hija, mujer de Íñigo de Endériz, pelaire, vecina de Pamplona, sobre injurias.

Pamplona, 12 de junio de 1551

AGN, Corte Mayor, Proceso n. 280664, fol. 3v

....

DOCUMENTO 3.14

Proceso de Jaime de Irisarri y Catalina de Olloqui, su mujer, vecinos de Astráin, contra Juan de Irisarri, su hijo, vecino de Astráin, sobre injurias y malos tratos a su padre.

Pamplona, 31 de agosto de 1565

AGN, Consejo Real, Proceso n. 097480, fol. 1v

....

DOCUMENTO 3.15

Proceso de Guillén de Sagüés, pelaire, y María Martín de Beruete, su mujer, vecinos de Pamplona, contra Pedro Baztán, mancebo, vecino de Pamplona, sobre injurias.

Pamplona, 14 de marzo de 1612

AGN, Corte Mayor, Proceso n. 133897, fol. 6r

....

DOCUMENTO 3.16

Proceso del Fiscal, María de Arguiñano, viuda de García de Aizpún, y María de Aizpún, su hija, vecinas de Arguiñano, contra Miguel de Sarasa, vecino de Ororbia, sobre estupro e injurias.

Pamplona, 31 de julio de 1550

AGN, Corte Mayor, Proceso n. 293990, fol. 1r

....

DOCUMENTO 3.17

Proceso de Pedro Díaz, alguacil, y Miguel Ibáñez de Belascoáin, clérigo y beneficiado de la iglesia parroquial de Belascoáin, vecinos de Belascoáin, contra Fernando de Landa, artillero, vecino de Belascoáin, sobre injurias e intento de muerte.

Belascoáin, 20 de noviembre de 1540

AGN, Consejo Real, Proceso n. 063983, fol. 3r

....

DOCUMENTO 3.18

Proceso de Antón Jubero, vecino de San Adrián, contra Diego de Pereda, vecino de San Adrián, sobre injurias.

San Adrián, 30 de septiembre de 1583

AGN, Corte Mayor, Proceso n. 212450, fol. 3r

....

DOCUMENTO 3.19

Proceso de María Martín de Oscoz, mujer de Martín de Galar, enterrador de la parroquia de Santa María de Pamplona, contra Estefanía de Ezpeleta, vecina de Pamplona, sobre injurias.

Pamplona, 31 de julio de 1578

AGN, Corte Mayor, Proceso n. 199131, fol. 1r

....

DOCUMENTO 3.20

Proceso de Juan de Ulzurrun y María Fernández, su mujer, vecinos de Pamplona, contra Bárbara de Nuin y Josefa Remírez de Lerín, su criada, vecinas de Pamplona, sobre injurias.

Estella, 18 de diciembre de 1671

AGN, Consejo Real, Proceso n. 076816, fol. 2v

....

DOCUMENTO 3.21

Proceso de Pedro de Irisarri y María Juan de Irisarri, su hija, mujer de Miguel de Lesaca, vecinos de Puente la Reina, contra Graciana de Sorauren, mujer de Juan de Ubani, vecina de Puente la Reina, sobre injurias.

Pamplona, 4 de septiembre de 1579

AGN, Corte Mayor, Proceso n. 212246, fol. 2r

....

DOCUMENTO 3.22

Proceso de Sebastián San Juan, pescador, vecino de Tudela, contra Juan de Férriz y Miguel de Férriz, padre e hijo, vecinos de Tudela, sobre injurias.

Pamplona, 18 de noviembre de 1603

AGN, Corte Mayor, Proceso n. 149393, fol. 1r

....

DOCUMENTO 3.23

Proceso del Fiscal contra María de Burguete y Juana Martín de Burguete, su hija, residentes en Pamplona, presas, sobre injurias y desacato a la autoridad.

Pamplona, 14 de enero de 1579

AGN, Consejo Real, Proceso n. 069679, fol. 1r

....

DOCUMENTO 3.24

Proceso de Martín Górriz, clérigo, vecino de Górriz, contra Catalina de Aróstegui, residente en Pamplona, sobre injurias.

Pamplona, 22 de agosto de 1590

AGN, Corte Mayor, Proceso n. 282962, fol. 1r

....

DOCUMENTO 3.25

Proceso del Fiscal y Juan de Santesteban, escribano real, vecino de Santesteban, contra Juan de Arraya y otros, vecinos de Lesaca, sobre agresión e injurias.

Pamplona, 4 de marzo de 1535

AGN, Consejo Real, Proceso n. 008777, fol. 6v

....

DOCUMENTO 3.26

Proceso del Fiscal contra Juan González de Borja, vecino de Tudela, preso, sobre injurias, tumultos y desorden público ocasionado por la publicación de la ley de prohibición de caza.

Tudela, 20 de noviembre de 1654

AGN, Consejo Real, Proceso n. 103418, fol. 3r

....

DOCUMENTO 3.27

Proceso del Fiscal contra Juan Francés, vecino de Obanos, sobre indemnización de daños por injuria y agresión a Juan de Ciordia, vecino de Obanos, y resultado de heridas.

Pamplona, 12 de octubre de 1540

AGN, Corte Mayor, Proceso n. 209906, fol. 13r

....

DOCUMENTO 3.28

Proceso del Fiscal y María Miguel de Lizarraga, mujer de Martín de Arrarás, vecina de Pamplona, contra Graciana de Villanueva, vecina de Pamplona, sobre injurias y agresión con un palo.

Pamplona, 14 de mayo de 1560

AGN, Consejo Real, Proceso n. 086773, fol. 12v

....

DOCUMENTO 3.29

Proceso de Martín de Sada, escribano real, María de Guenduláin, su mujer, e Isabel de Sada, su hija, vecinos de Pamplona, contra Juan de Agorreta, carnicero, María de Agorreta, su hija, y Juan de Armendáriz, vecinos de Pamplona, sobre injurias.

Pamplona, 29 de mayo de 1571

AGN, Corte Mayor, Proceso n. 146403, fol. 4v

....

DOCUMENTO 3.30

Proceso del Fiscal y Antona de Torres, viuda, vecina de Pamplona, contra Salvador de Olasarri, residente en Pamplona, sobre injurias.

Pamplona, 13 de julio de 1546

AGN, Corte Mayor, Proceso n. 280413, fol. 11r

....

DOCUMENTO 3.31

Gonzalo Vicente, vecino de Corella, contra Juan Calvo, vecino de Corella, sobre injurias.

Corella, 15 de septiembre de 1578

AGN, Corte Mayor, Proceso n. 184500, fol. 9r

....

DOCUMENTO 3.32

Proceso de Martín Guillón de Recalde, vecino de Salinas de Pamplona, contra Martín de Egüés y Elizalde, vecino de Salinas de Pamplona, sobre injurias.

Pamplona, 21 de agosto de 1592

AGN, Corte Mayor, Proceso n. 148508, fol. 4v

....

Exposición

**«Insultos de otro tiempo.
Navarra, siglos XVI-XVII»**

Pamplona, Archivo Real y General de Navarra
Sala de exposiciones "Sancho el Sabio"
(16 abril - 17 agosto 2025)

¿INSULTOS O INJURIAS?

La defensa del honor en los tribunales

Aunque es cierto que el delito de injuria no quedaba bien definido en la legislación navarra de época medieval y moderna, no puede negarse, en cambio, que una demanda por injurias presentaba unas características muy claras: era una ofensa pública, perpetrada por alguien **«movido por persuasión diabólica»**, **«con soberbia y cólera»**, ante testigos, que se hacía en menoscabo de la fama del injuriado. Su gravedad dependía no solo de la expresión injuriosa, sino de las circunstancias en las que se profería la injuria. Representaba un ataque al honor y, en esta época, la pérdida de la honra pública suponía la degradación del injuriado a ojos de sus convecinos y podía tener consecuencias que pasaban por el vacío social o por la persecución judicial. Ante tal situación de violencia verbal y escrita, los injuriados acudieron a los tribunales de justicia, en donde se presentaban como personas **«de buena vida, trato y costumbres»** a fin de recuperar la honra perdida y obtener una compensación.

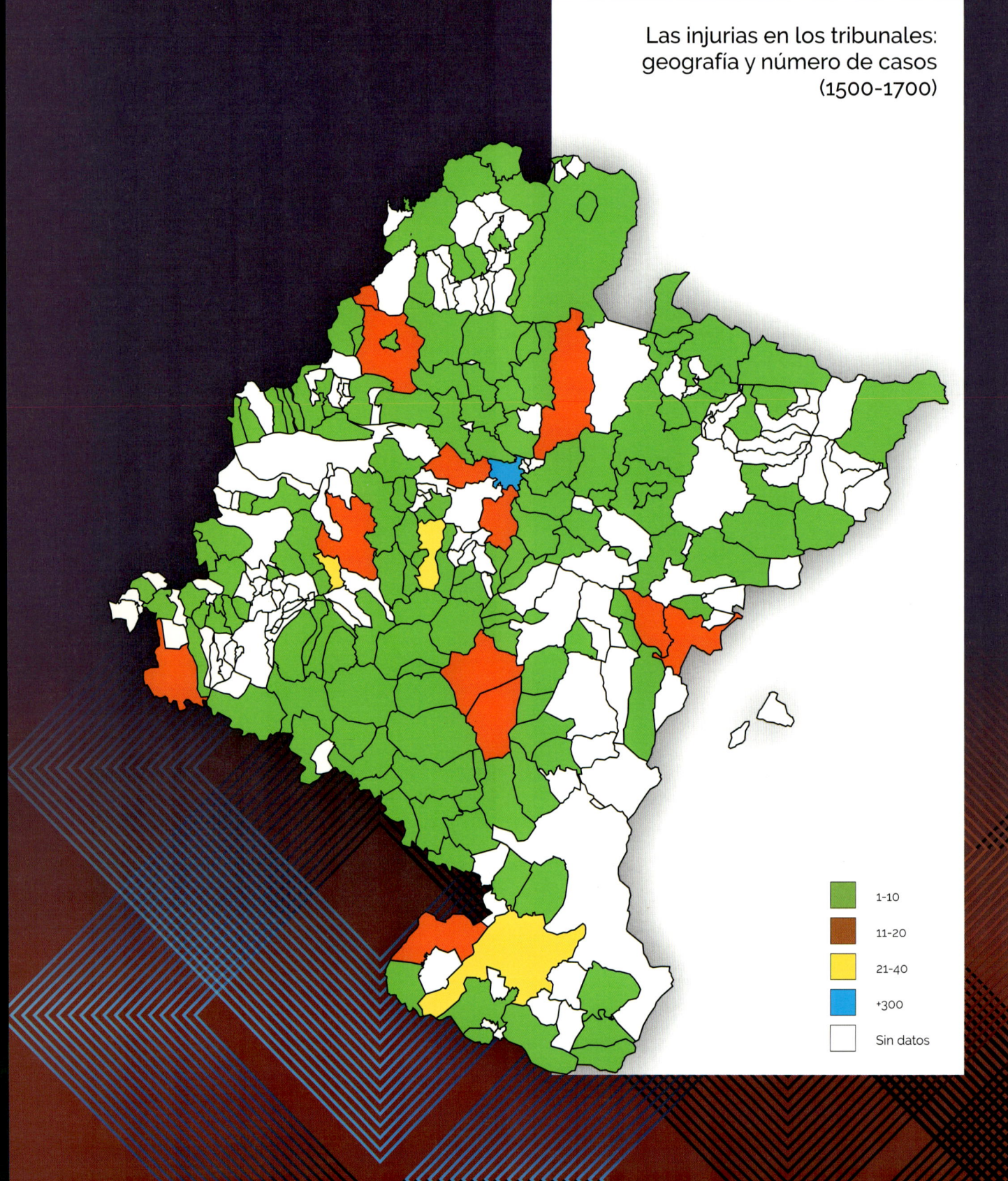

Las injurias en los tribunales:
geografía y número de casos
(1500-1700)

1-10
11-20
21-40
+300
Sin datos

MARTIN DE AZPILCUETA

Natural de Navarra. Profundo teólogo, y cano-
nista el mas famoso del siglo XVI. Catedrático de
Derecho Pontificio en Tolosa, Cahors, Salamanca, y Co-
imbra. Murió en Roma coronado de gloria por sus
obras y virtudes en 1586, de edad de 94 años.

Retrato de Martín de Azpilcueta
AGN, FIG_RETRATO,N.24

La injuria como delito-pecado

Tanto las autoridades civiles como la Iglesia persiguieron la injuria. En los fueros y las recopilaciones de leyes se recoge como un delito punible causante del desorden social y en los tratados y manuales de confesores figura como pecado contra el prójimo, violación del octavo mandamiento: «No dirás contra tu prójimo falso testimonio». En nuestro ordenamiento actual la injuria se incluye en el Código Penal (artículos 208 y 209), que la define como la «acción o expresión que lesionan la dignidad de otra persona, menoscabando su fama o atentando contra su propia estimación»; si bien solo considera constitutivas de delito las injurias tenidas públicamente como graves.

LA DEFINICIÓN DE LAS INJURIAS EN LA LEGISLACIÓN

DOC. 1.1

Fuero Reducido, Libro VI, título VI: **«De injurias, daños, calonias y penas»**. Capítulo 25: condena a todo aquel que llamase a algún cristiano nuevo **«renegado o tornadizo, o perro o retajado»**.

1538
AGN, CÓDICES, A8, fol. 102v

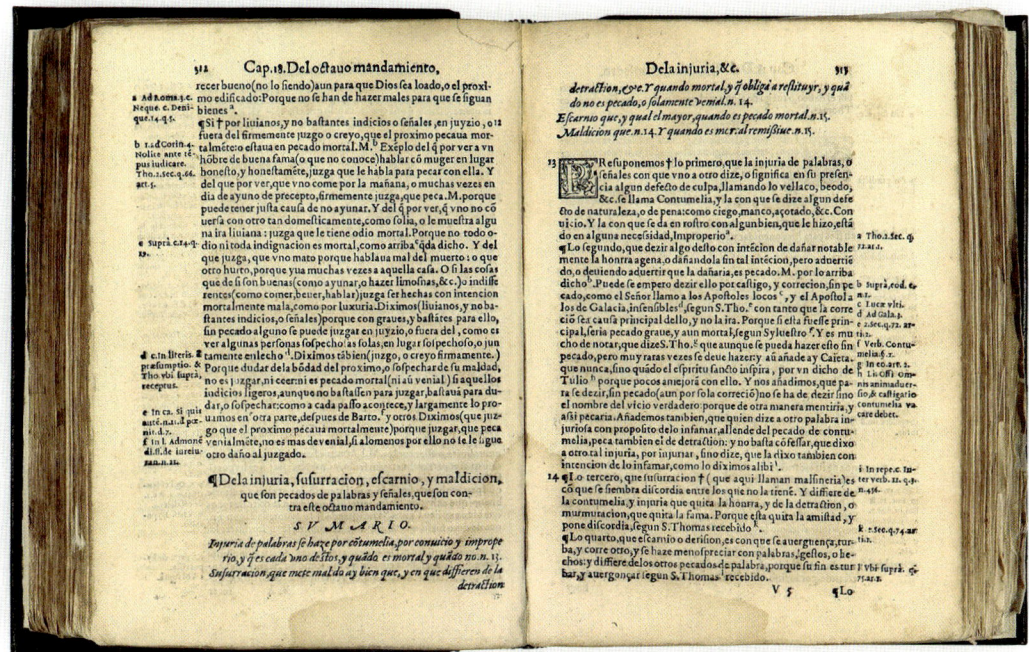

LAS CATEGORÍAS DE INJURIAS EN LOS MANUALES DE CONFESORES

DOC. 1.2

Martin de Azpilcueta, *Manual de confesores y penitentes*

Estella, Adrián de Anvers, 1566, pp. 312-313
Biblioteca de Navarra, FA/4110

Injurias y calumnias en el siglo XXI

Delitos contra el honor (1998-2023)

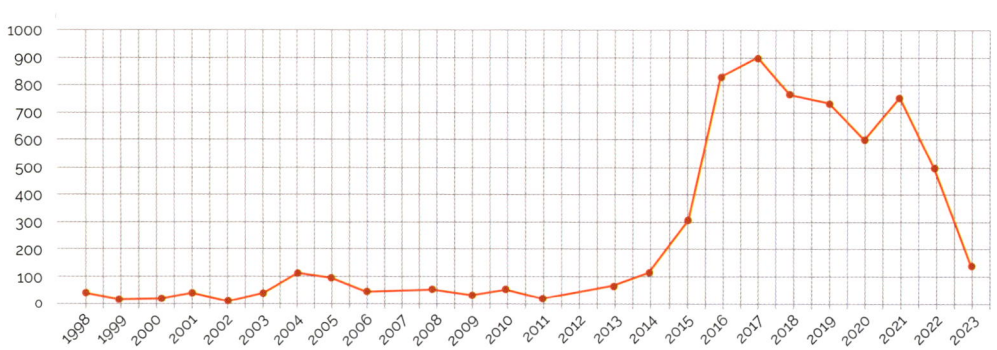

Fuente: Instituto Nacional de Estadística (INE)

Evolución del número de pleitos por injurias. Siglos XVI-XIX

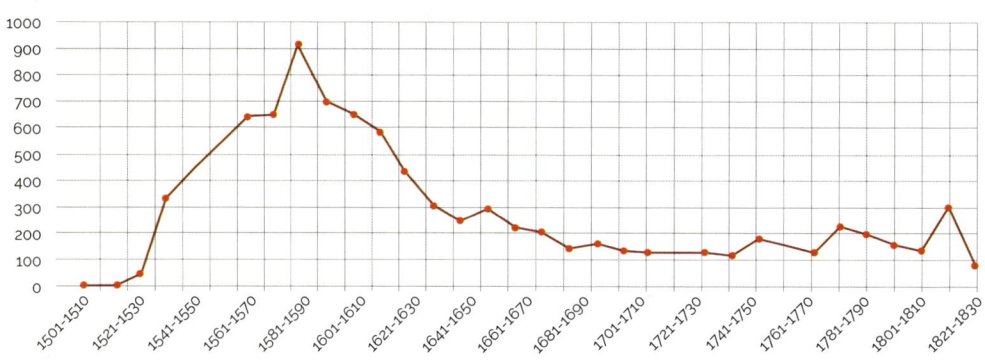

Fuente: Elaboración propia

Las penas. Siglos XVI-XIX

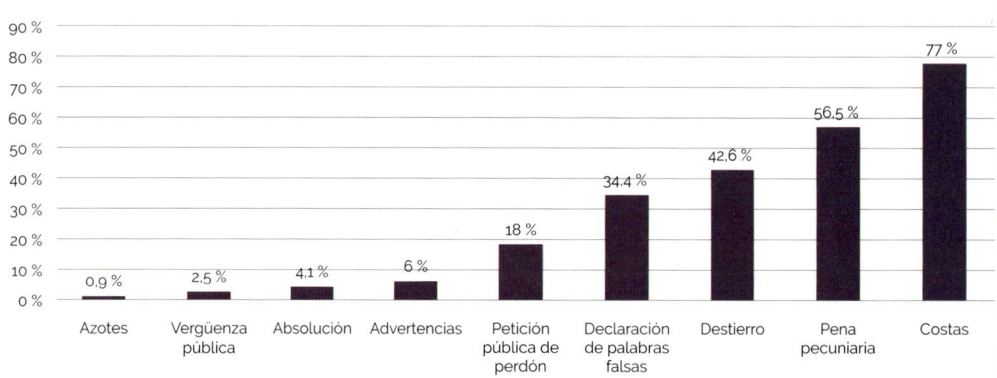

Fuente: Elaboración propia

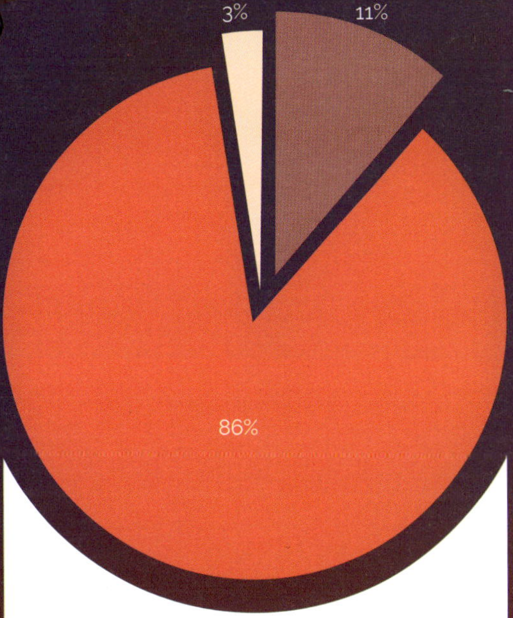

Las injurias en los tribunales

Hoy, el procedimiento por un delito de injurias se inicia mediante una denuncia ante el juzgado de instrucción o ante las fuerzas y cuerpos de seguridad. El conocimiento y fallo de la causa compete a los Juzgados de lo Penal. Se castiga con penas de multa que oscilan entre los 3 y los 14 meses. En la Navarra de los siglos XVI y XVII, el injuriado presentaba una queja y era el alcalde quien iniciaba las diligencias (información de testigos). El pleito en primera instancia se seguía, en buena parte de los casos, ante el tribunal de la Real Corte. La sentencia solía establecer una pena pecuniaria y se obligaba al injuriador a pedir perdón públicamente.

3%

11%

86%

Sentencias según las instancias judiciales (siglos XVI-XVII)

- Corte
- Alcaldes
- Consejo

QUEJA EN UN PROCESO POR INJURIAS

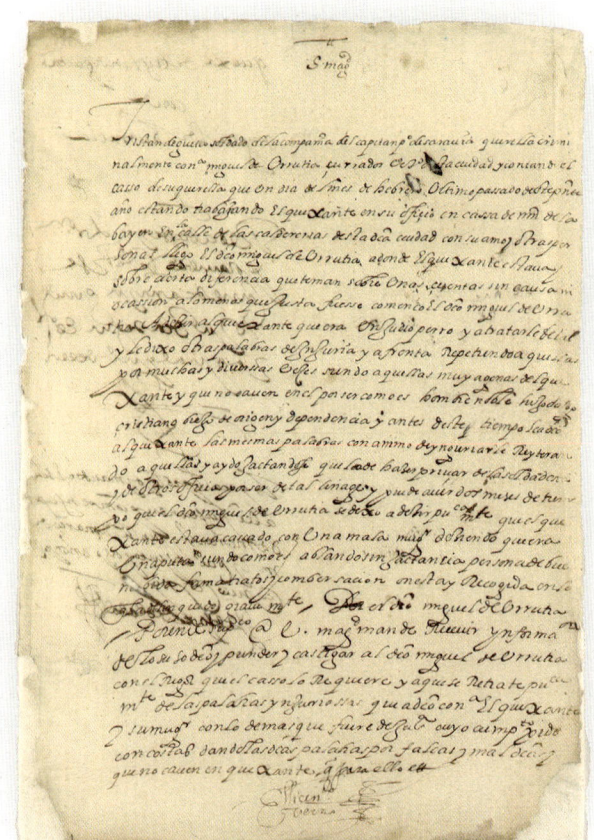

DOC. 1.3

El soldado Tristán de Hueto, vecino de Pamplona, presentó queja en 1588 contra el zurrador Miguel de Urrutia. Cuando Tristán estaba trabajando en su oficio, en casa de su amo, Martin de Labayen, llegó Miguel y, por la diferencia que tenían sobre unas cuentas, le dijo a Tristán **«que era un judío perro»**, cuando él era hombre hidalgo, cristiano viejo. En otras ocasiones le había llamado lo mismo y se jactaba de que le iba **«a privar de la soldadesca y de otros oficios por ser de tal linaje»**. También hacía dos meses Urrutia había dicho que Tristán estaba casado **«con una mala mujer, deciendo que era una puta»**.

Pamplona, 15 de marzo de 1588
AGN, Corte Mayor, Proceso n. 120046, fol. 1r

LA PRUEBA PRINCIPAL: LA INFORMACIÓN DE TESTIGOS

DOC. 1.4

Un testigo afirmó que un día de 1603, en Tudela, iba por las orillas del Ebro, hacia el molino nuevo, cuando en el camino vio a Sebastián de San Juan. Este se cruzó con Miguel Férriz; ambos comenzaron a discutir (**«a trabar palabras»**). San Juan echó en cara a Férriz que este le había quitado una criada para llevársela a su casa, cuando a él se la había encomendado el mismo padre de la muchacha. A estas palabras Férriz replicó con desprecio: **«Mejor lo [he] hecho que vos. Sabré yo, miraldo»**. Entonces llegaron a las manos y Férriz trató a San Juan de **«bellaco, villano, ladrón probado, renegado, descreído de Dios»**. En la pelea ambos cayeron al suelo. Luego Férriz le tiró piedras y le gritaba: **«¡cara de perro!»**. Además, le mordió en la mano.

Tudela, 26 de noviembre de 1603
AGN, Corte Mayor, Proceso n. 149393, fol. 14v

¿CÓMO CASTIGARON LOS TRIBUNALES EL DELITO DE INJURIAS? LAS SENTENCIAS

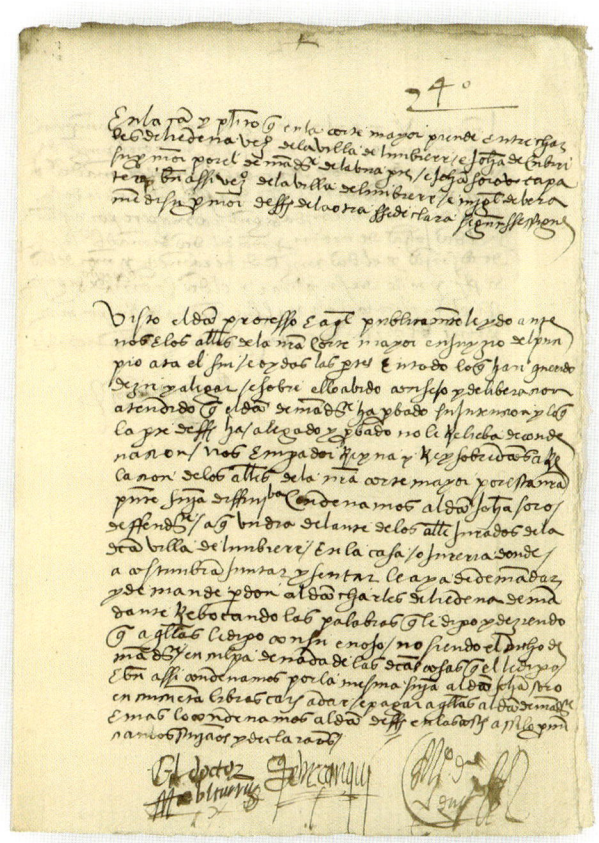

DOC. 1.5

Proceso de Carlos de Liédena, vecino de Lumbier, contra el zapatero Juan de Soro, porque este había acusado públicamente a Liédena de haber robado a los vecinos mientras ejercía el cargo de jurado. Por la sentencia de la Real Corte de 16 de marzo de 1528, Soro fue condenado **«a que un día delante de los alcaldes, jurados de la dicha villa de Lumbierre, en la casa o jurería donde** acostumbran juntar y asentar, le haya de demandar y demande **perdón al dicho Charles de Liédena, demandante, revocando las palabras que le dijo y deciendo que aquellas le dijo con su enojo, no siendo el dicho demandante en culpa de nada de las dichas cosas que él le dijo»**. Además, lo condenaron a pagar 50 libras al demandante y a las costas.

Pamplona, 16 de marzo de 1528
AGN, Corte Mayor, Proceso n. 209347, fol. 40r

LAS INJURIAS Y SUS FORMAS DE EXPRESIÓN

La injuria podía expresarse por escrito u oralmente. La permanencia de lo escrito (en libelos o pasquines) otorgaba mayor alcance y trascendencia al delito. El marco de la conversación, en cambio, restringía el ámbito de difusión y repercusión social, pero su carácter público permitía a los vecinos presenciar el intercambio de insultos. Así se recogía en los procesos, en donde el escribano reconstruía los hechos gracias a las declaraciones de los testigos, aludiendo al tono, a la intencionalidad del injuriador y a las palabras o expresiones injuriosas: **«con persuasión diabólica y temerariamente y sin causa ni ocasión bastante, empezó a decir a voces altas por el acusado "bellaco, ladrón, ¿qué buscas ahí?, bellaco, ladrón, ladronazo, moro, bellaco" y otras palabras semejantes»**. De las voces de estos testigos salieron en su día más de 600 insultos diferentes, unos más propios de varones: *cornudo, infame, pícaro, perro, villano, ruin, traidor, ladrón*; otros, de mujeres: *puta, vieja, mala mujer, alcahueta, bruja, sucia*; y no faltaron los comunes a ambos sexos, como *bellaco* o *desvergonzado*.

Cristo con la cruz a cuestas (detalle)
(c. 1450-1516) Hyeronimus Bosch
Museum voor Schone Kunsten Gante (Bélgica)

Insultos principales contra varones y mujeres

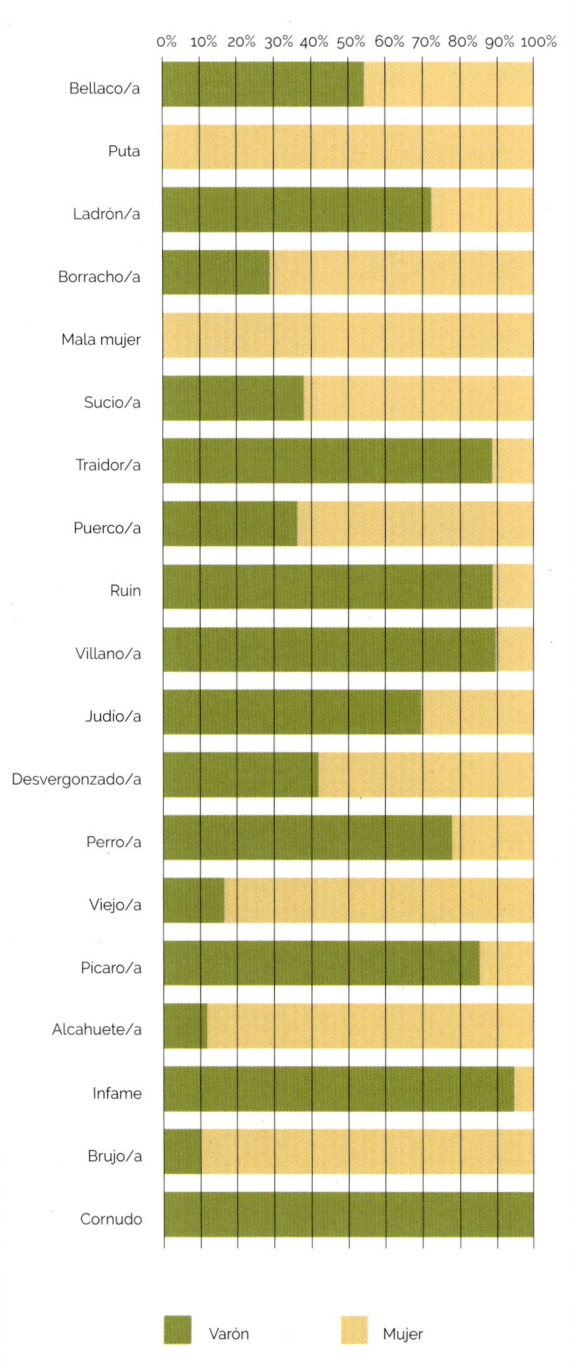

	0%	10%	20%	30%	40%	50%	60%	70%	80%	90%	100%
Bellaco/a											
Puta											
Ladrón/a											
Borracho/a											
Mala mujer											
Sucio/a											
Traidor/a											
Puerco/a											
Ruin											
Villano/a											
Judío/a											
Desvergonzado/a											
Perro/a											
Viejo/a											
Pícaro/a											
Alcahuete/a											
Infame											
Brujo/a											
Cornudo											

■ Varón   ■ Mujer

Injuriadores/as

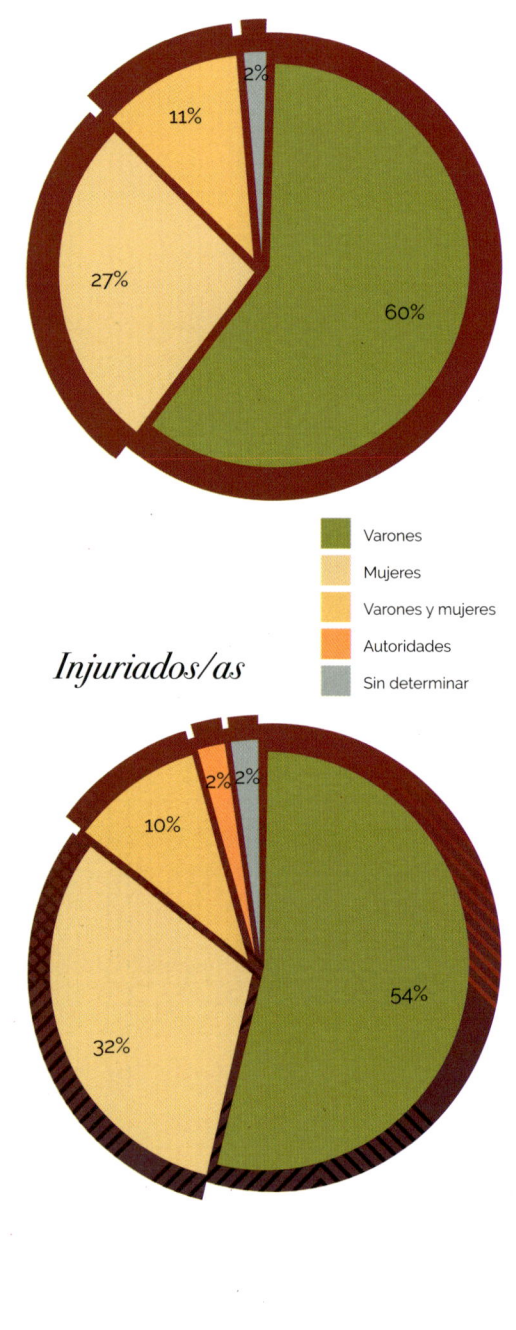

60%
27%
11%
2%

■ Varones
■ Mujeres
■ Varones y mujeres
■ Autoridades
■ Sin determinar

Injuriados/as

54%
32%
10%
2% 2%

Los tres insultos más frecuentes en cada comunidad autónoma en el siglo XXI

- ■ Gilipollas | Imbécil | Cabrón/a
- ■ Gilipollas | Imbécil | Idiota
- ■ Gilipollas | Imbécil | Hijoputa/Hijaputa
- ■ Gilipollas | Cabrón/a | Hijoputa/Hijaputa
- ■ Gilipollas | Imbécil | Subnormal
- ■ Gilipollas | Cabrón/a | Subnormal

Estudio realizado por: Jon Andoni Duñabeitia y María Méndez Santos

Estado civil de injuriadores/as e injuriados/as

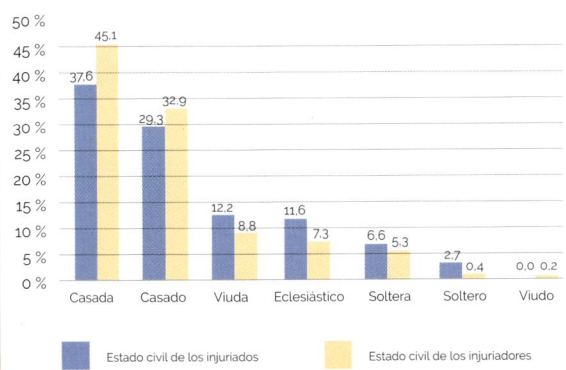

- ■ Estado civil de los injuriados
- ■ Estado civil de los injuriadores

¿Cómo se expresan las injurias?

Para ejercer su efecto denigrador, y potenciarlo, existen estrategias, similares a las que utilizamos hoy, para asegurar el perjuicio sobre la imagen social del destinatario. Con este propósito, los insultos, como se hace evidente en los testimonios documentales, se acumulan en secuencias encadenadas (**guitón, bribón, puerco desvergonzado**), se apropian de terminaciones despectivas (**bachillerejo, bellacaz, borrachillo**) o crean imágenes denigrantes más efímeras y eficaces por su expresividad que los vocablos codificados en su intención ofensiva (**tranca del infierno** 'mala', **hocicos de cepa de Barués** 'borracha', **badajón con panza malsonada** 'necio').

Injurias:
libelos y cantares

La injuria escrita ha dejado huella documental en forma de libelos, pasquines y coplas, que se conservan en los procesos judiciales. Estos textos se colocaban siempre en espacios públicos (puertas y paredes, calles transitadas…) o se distribuían para ser recitados. Tenían un gran impacto entre el vecindario; su transmisión era rápida y perduraba en el imaginario colectivo. De ahí que las autoridades civiles y religiosas pidiesen que los pasquines se arrancasen y fuesen destruidos. Dar con sus autores era difícil al tratarse de textos que se valían del anonimato para lanzar sus pullas. Hoy se han sustituido puertas y paredes por el libelo cibernético o la difamación en el entorno digital.

Los espacios de la injuria siglos XVI y XVII

Espacio	Porcentaje
Calles	47,7 %
Plazas	10,4 %
Iglesias y ermitas	10,4 %
Casas particulares	8,3 %
Campo (viñas, huertos, eras, monte)	8,0 %
Lugar de reunión del concejo	5,6 %
Edificios abiertos al público (ventas…)	4,3 %
Tribunales (reales o locales) y cárceles	2,0 %
Caminos	1,5 %

BINOMIOS LÉXICOS

«puta, bellaca» / «bellaca, puta»

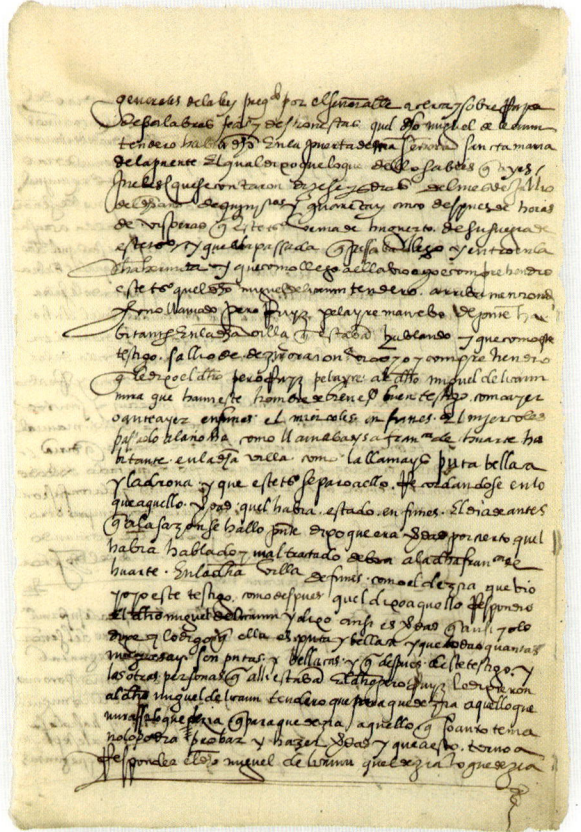

DOC. 2.1

En 1545, las pesquisas realizadas por el alcalde ordinario de Peralta revelaron que Miguel de Lezáun, tendero, había dicho que Francisca de Elizondo **«era una gran puta, bellaca»** y también **«que todas cuantas mujeres había que eran muy grandes putas y bellacas»**, **«y que aun la reina era una gran puta»**, **«que no había que fiar en ningunas mujeres, que todas eran putas y bellacas y que no había mujer buena, sino que todas bellacas, y que en Roma lo había oído decir, que todas eran bellacas, y aun las mujeres de algunos caballeros y que también era la reina puta y bellaca»**. Los testigos oyeron cómo Lezáun decía: **«Yo lo dije y lo digo que ella [Francisca] es puta y bellaca y que todas cuantas mujeres hay son putas y bellacas»**. Cuando los vecinos le recriminaron tales palabras, repitió **«que él decía lo que decía y que era verdad y que no había mujer y que todas eran bellacas y putas y aun la reina era puta»**. Un vecino le preguntó: **«¿Para qué anoche vos también dijistes anoche en Funes que Francisca de Huarte, habitante allí, era una gran bellaca puta?»**. Los vecinos presentes se lo recriminaron y Miguel volvió a decir **«que sí, que era verdad, que era una gran bellaca y puta»**, **«y que ella y todas cuantas mujeres había eran muy grandes putas y bellacas»**.

Según Lezáun, él tenía en arrendación la tienda y la taberna de Funes y Francisca de Huarte trabajaba para él. Pero Francisca **«se amigó secretamente con un cantero natural de Vizcaya»** y le robaron la tienda. Lezáun los persiguió hasta Peralta, donde los encontró, y cuando vio a Francisca le dijo: **«Aquí estáis vos, doña puta bellaca»**. Entonces la alcahueta de Villafranca, llamada María de Reta, le dijo que callase, y también se lo recriminó una casera llamada Reina. Miguel le replicó: **«Sí, todas son putas y vos Reina, también sois puta, y las encubrís y recogéis aquí a vuestra casa a estas malas mujeres. Y todas sois putas»**.

Peralta, 19 de julio de 1545
AGN, Consejo Real, Proceso n. 009388, fol. 2v

«bellaco, borracho, infame, ediota, embelecador»

DOC. 2.2

En 1626, el médico de Tudela Diego de Berberana fue a casa de Juana García, mujer de Blas González, que estaba enferma. Allí se encontró con el cirujano Juan Landa, al que hizo cortesía. Sin embargo, este se levantó de su asiento, con mucha cólera y le dijo **«que era un puerco, borracho, ediota»**. Según afirma un testigo,

Landa llegó a casa de Juana y le preguntó a la enferma dónde se ponía el ungüento que le había recetado Berberana y cuál se ponía. Y Landa gritó: **«Cuerpo de Dios, con el bellaco, borracho, infame, ediota, embelecador, que si aquí estuviera se lo dijera delante»**.

Pamplona, 17 de julio de 1626
AGN, Consejo Real, Proceso n. 003003, fol. 3r

EXPRESIONES

«*Mari paxarán podrido*»

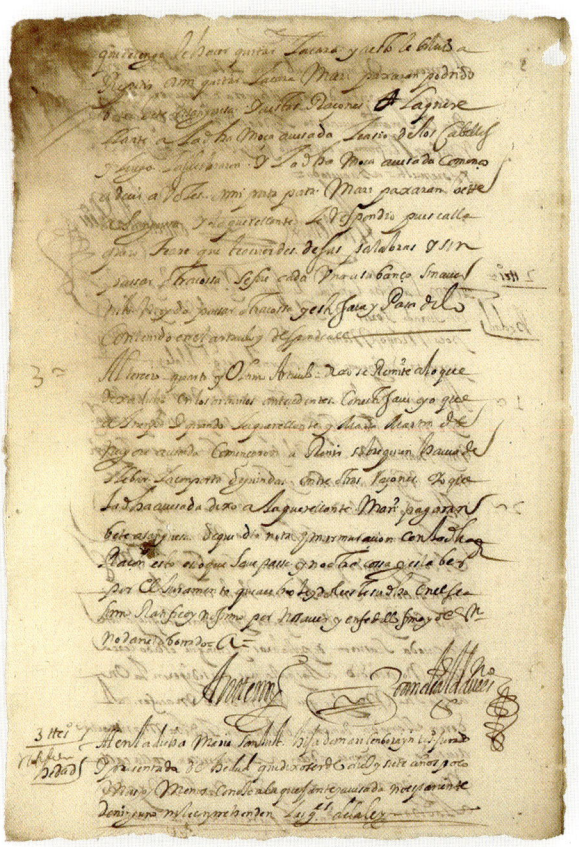

DOC. 2.3

María Martín de Nagore riñó en 1642 en las calles de Pamplona con Catalina de Orrio por una comporta de guindas. Entonces Catalina le dijo a María Martín: **«Puerca, puerca, que por no salir de la casa de la ciudad te has casado, que eres para deshonrar todas las mujeres»**. Y le respondió María Martín: **«Calla, calla. Vete a Sangüesa»**. Y comenzaron a pelearse. Intentaron separarlas, pero intervino una criada llamada Domenja de Ayerra, que comenzó a decir a Catalina: **«Calla, calla, paxarán podrido. Vete a Sangüesa»**. Y Catalina respondió a Domenja: **«Calle, que tengo de hacer cortar la cara»**. Otra testigo afirmaba que oyó a Domenja decir a Catalina: **«Calla, calla, Mari paxarán, paxarán podrido»**. Y Catalina le respondió: **«Calla, calla, que te tengo de hacer quitar la cara»**. Y Domenja volvió a decir: **«¿A mí quitar la cara? Mari paxarán podrido, vete, vete a Sangüesa»**. Otra testigo oyó que Domenja llamó a Catalina: **«Puta, puta borracha, Mari paxarán podrido»**.

Pamplona, 8 de julio de 1642
AGN, Corte Mayor, Proceso n. 202492, fol. 3r

«*Berdún – francés – judío – perseguidor de la Iglesia*»

DOC. 2.4

Libelo contra Martín Berdún

Una mañana de 1617 apareció fijado en la puerta de la librería de
Martín Berdún un libelo que decía:
«Berdún - francés - judío - perseguidor de la Iglesia».

Pamplona, 9 de agosto de 1617
AGN, Consejo Real, Proceso n. 041939, fol. 47r

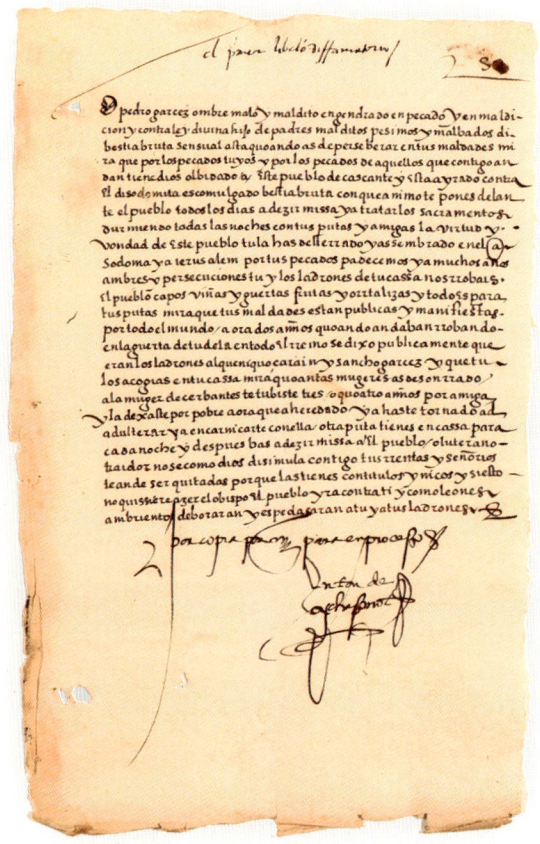

40

DOC. 2.5

Libelo dirigido al vicario Pedro Garcés. En él sus autores señalaban sus pecaminosos hábitos y el escándalo que generaba en el vecindario.

«Don Pedro Garcés, hombre malo y maldito engendrado en pecado y en maldición, y contra ley divina, hijo de padres malditos, pésimos y malvados. ¡Dí, bestia bruta sensual!, ¿hasta cuándo has de perseverar en tus maldades? Mira que por los pecados tuyos y por los pecados de aquellos que contigo andan tiene Dios olvidado a este pueblo de Cascante, y está airado contra él. ¡Dí, sodomita excomulgado, bestia bruta!, ¿con que ánimo te pones delante el pueblo todos los días a decir misa y a tratar los sacramentos, durmiendo todas las noches con tus putas y amigas? La virtud y bondad de este pueblo, tú la has desterrado y has sembrado en él a Sodoma y a Jerusalén. Por tus pecados padecemos ya muchos años, hambres y persecuciones. Tú y los ladrones de tu casa nos robáis el pueblo, capos, viñas y güertas, frutas y hortalizas, y todo es para tus putas. Mira que tus maldades están públicas y manifiestas por todo el mundo. Ahora dos años cuando andaban robando en la güerta de Tudela, en todo el Reino se dijo públicamente que eran los ladrones Alquenicuo Zarain y Sancho Garcés y que tú los acogías en tu casa. Mira cuántas mujeres has deshonrado. A la mujer de Cervantes te tuviste tres o coatro años por amiga y la dejaste por pobre, ahora que ha heredado ya haste tornado a adulterar y a encarnizarte con ellas, otra puta tienes en casa para cada noche y después vas a decir misa al pueblo. ¡Oh luterano traidor! No sé cómo Dios disimula contigo. Tus rentas y señoríos te han de ser quitadas, y si esto no quisiere hacer el Obispo, el pueblo irá contra ti y como leones hambrientos devorarán y espedazarán a ti y a tus ladrones».

Cascante, 23 de diciembre de 1566
AGN, Consejo Real, Proceso n. 097540, fol. 50r

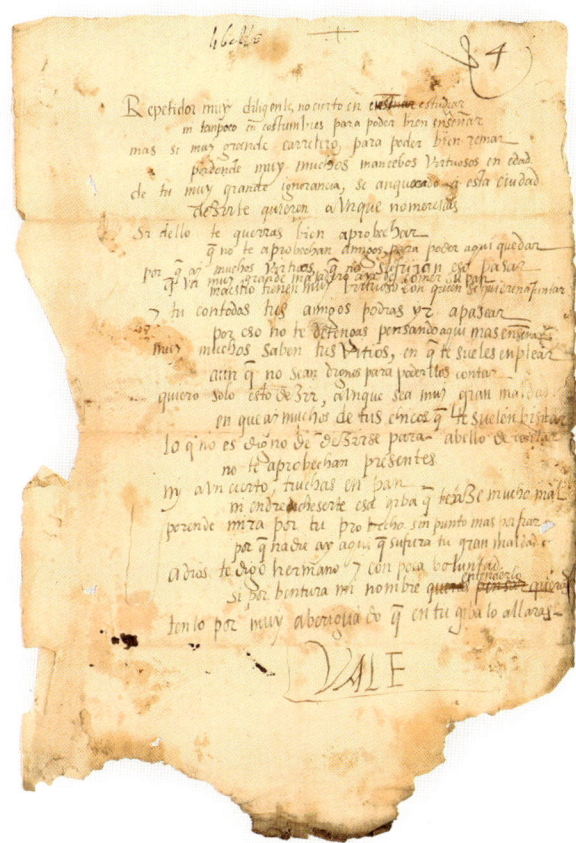

DOC. 2.6

Libelo contra Martín de Alda, estudiante de 19 años, atacando sus supuestos vicios.

Repetidor muy diligente
no cierto en estudiar.
Ni tampoco en costumbres
para poder enseñar.
Más sí muy grande carretero
para poder bien remar.
Por donde muy muchos mancebos
virtuosos en edad.
De tu muy grande ignorancia
se han quejado a esta ciudad.
Decirte quieren aunque no merescas
si de ello te querrás bien aprovechar.
Que no te aprovechan amigos
para poder aquí quedar.

Porque hay muchos virtuos
que no sufrirán eso pasar.
Que un muy grande majadero
haya de comer su pan.
Maestro tienen muy virtuoso
con quien se quieren ajuntar.
Y tú con todos tus amigos
podrás ir a pasear.
Por eso no te detengas.
pensando aquí más enseñar.
Muy muchos saben tus vitios
en que te sueles emplear.
Aunque no sean dignos
para poderlos contar.
Quiero solo esto decir
aunque sea muy gran maldad.
En que hay muchos de tus chicos
que te suelen visitar.

Lo que no es digno de decirse
para habello de contar.
No te aprovechan presentes
ni aun cierto, truchas en pan.
Ni endrecheserte esa giba
que te hace mucho mal.
Por ende, mira por tu provecho
sin punto más por fiar.
Porque nadie hay aquí
que sufrirá tu maldad
Adiós te digo, hermano,
y con poca voluntad.
Si por ventura mi nombre
entenderlo quieras.
Tenlo por muy averiguado
que en tu giba lo hallarás.
VALE

Pamplona, 1572
AGN, Consejo Real, Proceso n. 028019, fol. 4r

LAS COPLAS DE ARRE

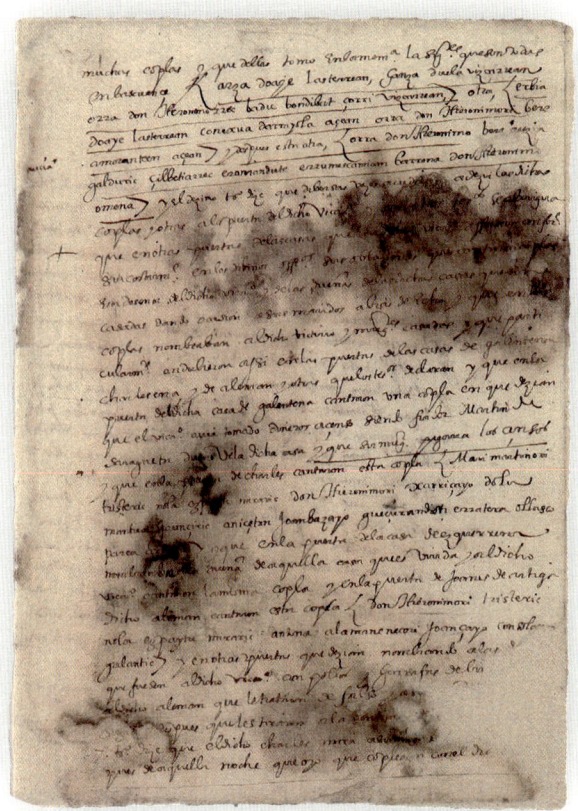

42

DOC. 2.7

El comportamiento moral, más que dudoso, del párroco de Arre dio lugar a que los vecinos se concentraran voceando ante la puerta del vicario, don Jerónimo de Berrio, diciendo que era un **«garroso»**, **«que era pobre»** y **«dando a entender en sus voces y cantares que el dicho vicario andaba tras sus enamoradas»**:

«Arza doaye lasterrean / gauza duela viz[c]arrean, / orra! don Xeronimorec / badu [bondi] bat çorri vizcarrean». [«El oso va corriendo, con una cosa en la espalda, iorra! Don Jerónimo tiene una gran pulga en la espalda».]

«Erbia doaye lasterrean / conexua darrayola açean / orra! don Hierorinimoric / bere amoranten açean». [«La liebre va corriendo / mientras le sigue el conejo /. ¡Orra! Don Jerónimo detrás de sus amantes».]

Orra Don Hieronimo!, / bere auçia, galduric / çilbeti arretera mandute / errumes caminoam barrena / don Jeronimo ouena» [«¡Orra Don Jerónimo! / Su juicio perdido / lo ha llevado de

Cilveti a Arre / por el camino de los peregrinos / Don Jerónimo, el pecador».]

Y delante de la casa de Echarlesarena cantaron a su dueña la siguiente copla:

«Mari Martinori tristeric, / nola ezpayto miraric / don Jheroni-mori xarriçayo / dolu mauntua jançiric / aniçetan joanbazayo / gueçuran, diotic / erratera ollasco / parea arturic» [«A la triste María Martino: como no es de maravillarse, se ha acercado a D. Jerónimo, vestida con un manto de duelo, sí a menudo le ha ido diciendo falsamente que llevaba un par de gallinas».]

Y ante la casa de Alamán cantaron contra su dueña:

«Don Jheronimori tristeric / nola expaytu miraric / Antona Alamanecori, / joan çayo consolaçera galantic» «Al triste D. Jerónimo: como no es de maravillarse, le ha ido a consolar galantemente Antona Alamán».

Pamplona, septiembre de 1612
AGN, Consejo Real, Proceso n. 041424, fol. 15v

EL CREDO CONTRA LOS JUDÍOS

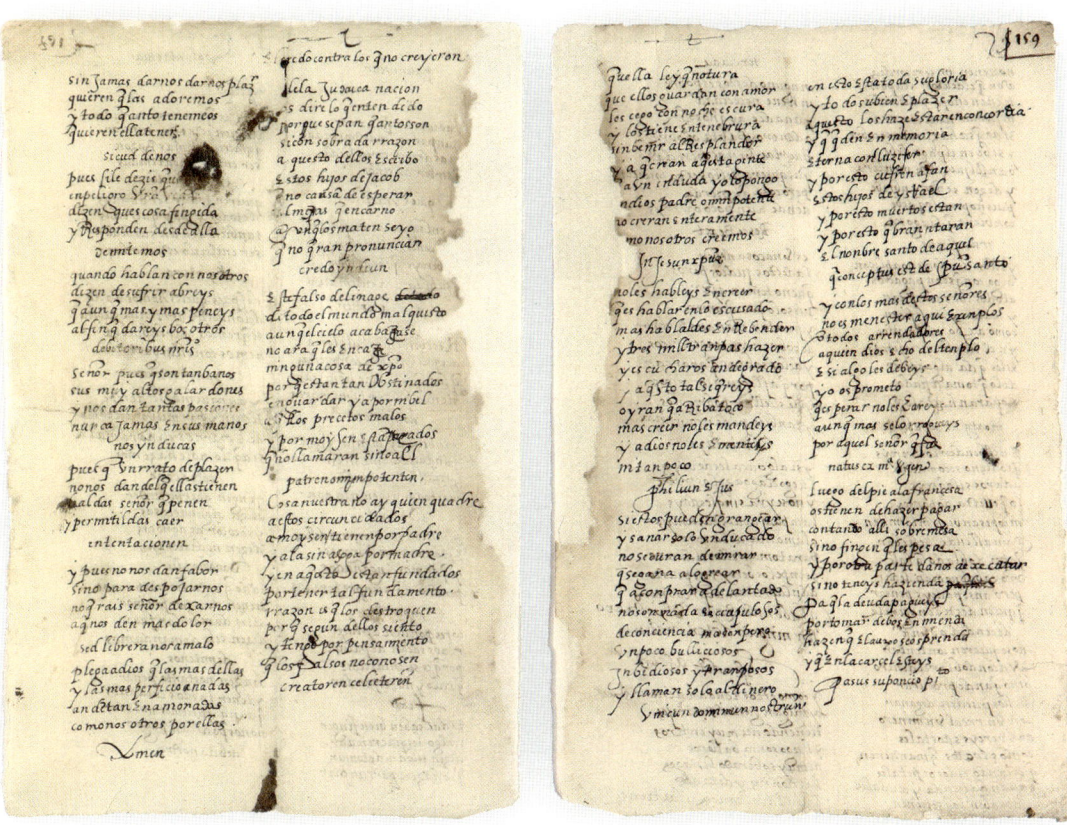

DOC. 2.8

Entre 1561 y 1562 fueron recitadas en Corella distintas coplas injuriosas contra los cristianos nuevos. El motivo sería la oposición de parte del vecindario a que pudiesen acceder a determinados cargos municipales.

En aquel contexto nos encontramos con los versos contenidos en *El credo contra los que no creyeron*:

Corella, 1 de junio de 1561
AGN, Consejo Real, Proceso n. 066733, fol. 158v-159r

De la judaica nación
os diré lo que entendido
porque sepan cuantos son
si con sobrada razón
aquesto dellos escribo.
Estos hijos de Jacob,

que no cansan de esperar
al Mesías que encarnó,
aunque los maten sé yo
que no querrán pronunciar:
Credo in Deum.

Injurias en el castellano de Navarra

Si las injurias han de interpretarse en su contexto, es lógico que algunas de ellas reflejen usos lingüísticos particulares de la Navarra de los siglos XVI y XVII. La mayoría de estas peculiaridades léxicas, no muy numerosas entre la nómina de insultos, pueden escucharse hoy, tal vez con escasa vitalidad ya, en localidades navarras: **boca de esportizos** 'bocazas', **chismindero** 'chismoso', **chistón** o **chistrón** 'agote', **cocharrón** 'borracho', **fajero** 'mozo de cuerda', **garroso** 'patizambo', **golmajo** 'goloso', **lambiquero** 'aprovechado', **mancurro** 'manco', **mandilona** 'mujer cobarde y falsa', **pantierno** 'bobalicón', **pijacamas** o **pisiacamas** 'meón, sucio'.

Campix 'bastardo/a'

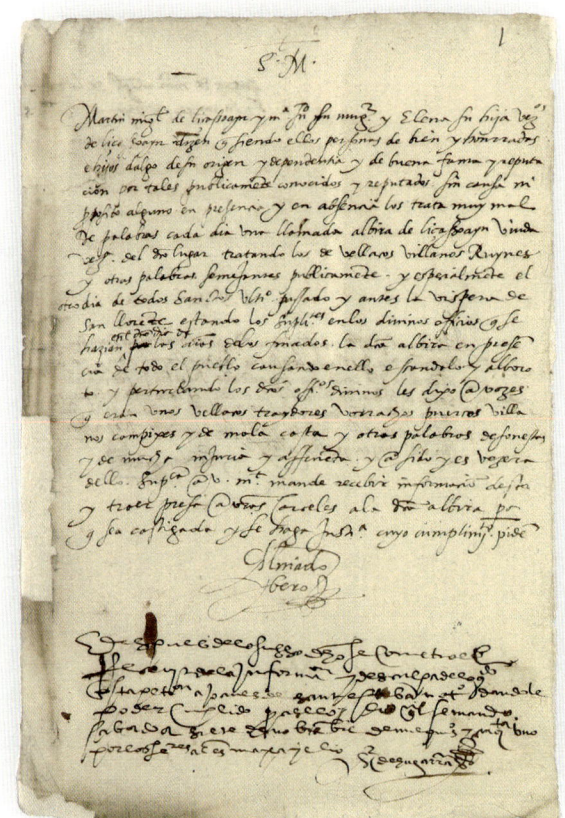

DOC. 2.9

La viuda Elvira de Lizasoáin tenía una disputa con Martín Miguel de Lizasoáin y su mujer, Mari Juan, por la posesión de una sepultura en la iglesia de Lizasoáin. **«El día de los finados»** de 1551, **«en presencia de todo el pueblo»** les dijo **«que eran unos bellacos, traidores, borrachos, puercos, villanos, campixes y de mala casta»**.

Pamplona, 5 de noviembre de 1551
AGN, Corte Mayor, Proceso n. 197661, fol. 1r

Chilindroso/a 'sucio/a'

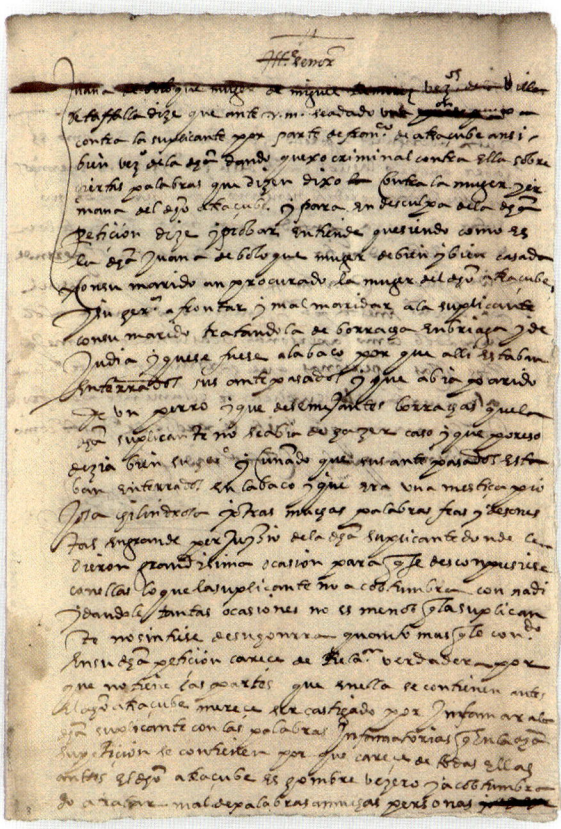

DOC. 2.10

En 1579, Juana de Boloque, de Tafalla, mujer de Miguel Remirez, fue acusada por injuriar a Catalina de Vergara y Aldonza de Arrazubi, mujer y hermana respectivamente de Francisco de Arrazubi. Sin embargo, ella afirmó que previamente Catalina y Aldonza habían procurado «malmaridar a la suplicante (Juana) con su marido»,

Tafalla, 11 de enero de 1580
AGN, Corte Mayor, Proceso n. 119278, fol. 8r

«tratándola de borracha, embriaga y de judía y que se fuese al ábaco porque allí estaban enterrados sus antepasados, y que había parido de un perro». También le dijeron que era una «mestiza, piojosa, chilindrosa».

Chismindero/a 'chismoso/a'

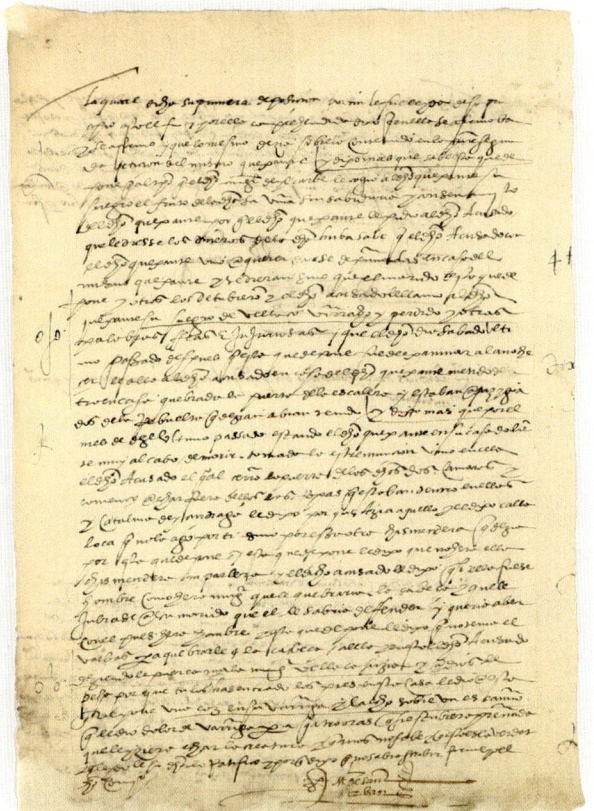

DOC. 2.11

Según los testigos, Pedro de Izurdiaga, en 1550, estaba enfermo en su casa en el barrio de las Carnicerías viejas de Pamplona, cuando entró en su casa su yerno, Miguel de Ilzarbe, y este comenzó a sacar y tirar las ropas de Pedro fuera de la casa. Entonces, Catalina de Izurdiaga, hija de Pedro, le preguntó por qué hacía aquello e Ilzarbe le respondió: **«Calla, loca, que no lo hago por ti sino por esta otra chismendera»**, y lo decía por su cuñada, Catalina de Villava, casada con Miguel de Izurdiaga. Entonces Catalina de Villava replicó que ella **«no era chismendera ni parlera»**. Todo, al parecer, porque Ilzarbe e Izurdiaga tenían graves diferencias sobre la propiedad de una viña.

Pamplona, 13 de marzo de 1550
AGN, Corte Mayor, Proceso n. 184625, fol. 26v

Pisiacamas 'meacamas, sucia'

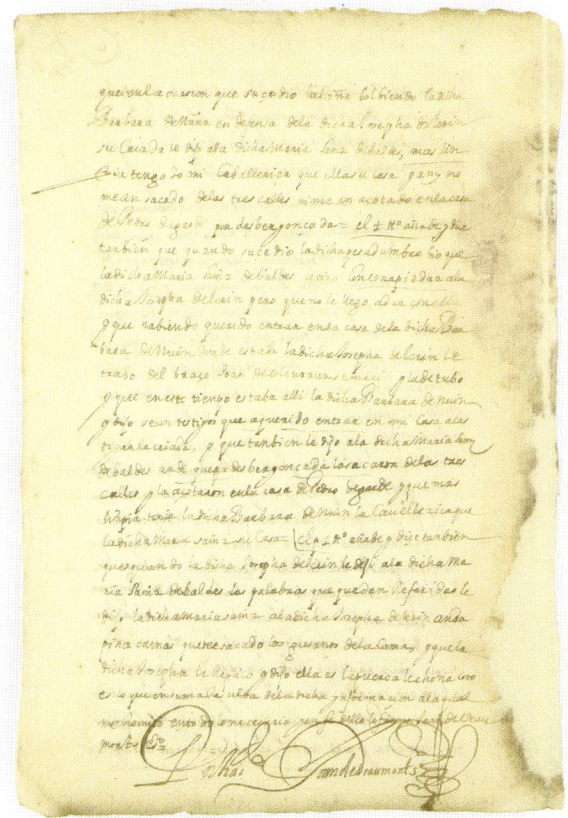

DOC. 2.12

Maria Sanz o Sainz, mujer de Juan de Ulzurrun, vecina de Estella, presentó queja criminal contra Bárbara de Nuin y Josefa de Lerin en 1671 por injurias. Según un testigo, María Sanz y Josefa de Lerin estaban riñendo en la calle. Cuando Lerin trató a María de desvergonzada, María le respondió: **«Anda, puercaza, pijacamas, que te he sacado los gusanos de la cama»**.

Estella, 22 de noviembre de 1671
AGN, Consejo Real, Proceso n. 076816, fol. 2v

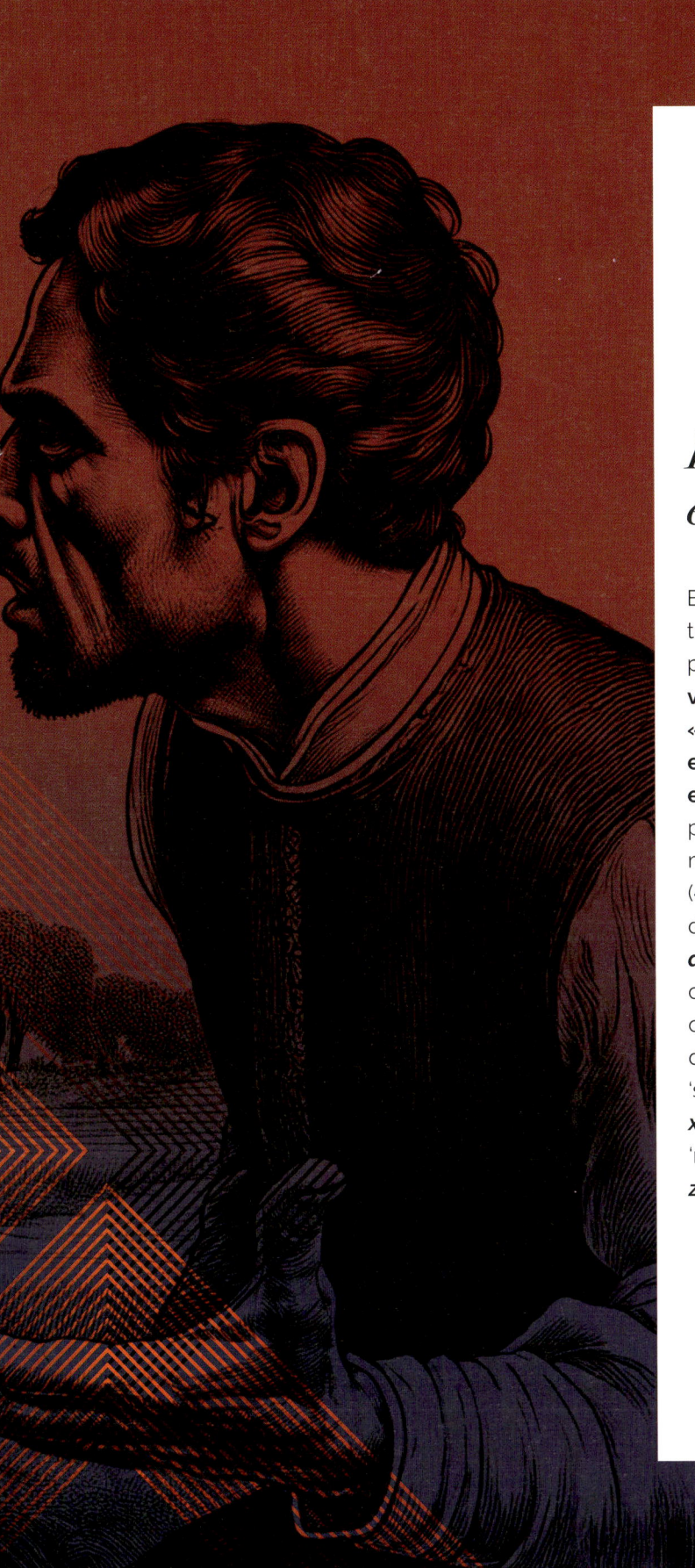

Injurias en euskera

En los litigios el escribano transcribía, traducía y, a veces, interpretaba las injurias pronunciadas en euskera: **«deciéndole en vascuence estas palabras...»**; la trató de **«bellaca, puta, bagasa»** **«y otras palabras en vascuence que significan e importan esto mesmo»**. Estas injurias también se proferían en secuencias que mezclaban muchas veces castellano y euskera (**«Bellaco, *andurra, markatua»*,** que quiere decir 'bellaco, malo marcado'**, «puta *ordia apez alaba»*** 'puta borracha, manceba de clérigo'). Sin importar la lengua utilizada, el objetivo común siempre era la recriminación de determinadas conductas: ***«zar liquisa»***, 'sucia zorra'; ***«axari»***, 'zorra'; ***«adaburu xarra»*** 'cornudo viejo', ***«gaisto andurra»*** 'ruin malo', ***«doylor charra»*** 'vieja ruin'; ***«ordi zarra»*** 'borracha vieja'.

adaburu 'cornudo'

DOC. 2.13

El bastero de Pamplona, Juanes de Elizondo, fue demandado en 1561 por injuriar gravemente a Maria Miguel de Garralda. Sin embargo, Juanes alegó que si dijo algo fue **«provocado por la demandante»**. De hecho, los testigos afirmaron que María Miguel era una mujer **«aparejada a ruidos y quistiones y boquisuelta y deslenguada»**, que reñia e insultaba a su propio marido, el pelaire Miguel de Elcano. Según varios testigos, María Miguel había deshonrado a Elcano llamándolo, en diversas ocasiones, **«*adaburu*, ladrón, peojoso, malaventurado»**, **«bellaco, peojoso, *adaburu*,** malaventurado, ciego»**, **«bellaco, peojoso, malaventurado»**, **«bellaco, peojoso, ciego, astroso, *adaburu*, cornudo»**. En cierta ocasión, un testigo los oyó discutir y «se puso a mirar de un resquisio de la sarrazón que estaba en medio de las dos casas». Vio que tenían colación el abad de Ochovi, el abad de Zulueta y María Miguel, que estaba con una criatura, y le dijo a su marido: **«bellaco, cornudo, *adaburu* perdido. Pesarle ía a Dios que este niño fuese tuyo, que su padre más cerca está dél que tú»**, dando a entender que el padre del niño era uno de los clérigos presentes.

Pamplona, 1 de diciembre de 1561

AGN, Corte Mayor, Proceso n. 145491, fol. 4r

axari 'zorro/a'

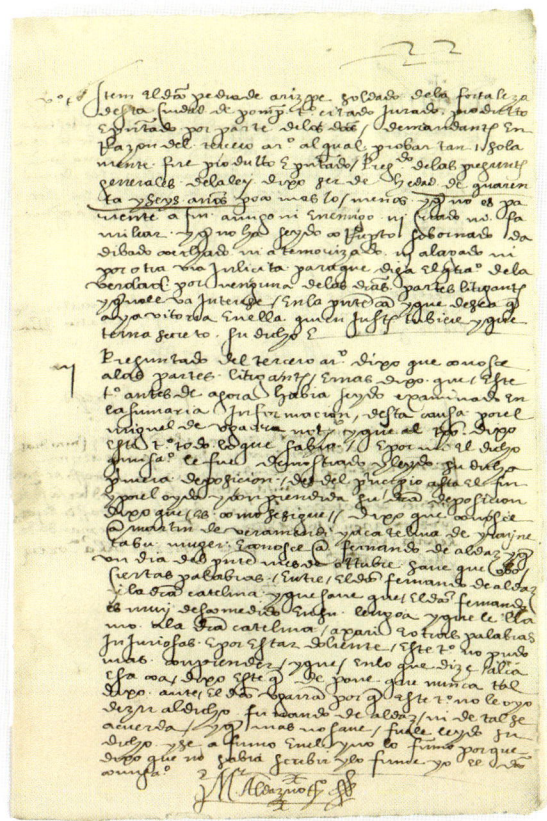

DOC. 2.14

Catalina de Irañeta, de Pamplona, esposa del fustero Martín de
Beramendi, presentó demanda en 1537 por las injurias recibidas por
el también fustero Fernando de Aldaz. Según los testigos, Fernando,
públicamente, ante muchas personas de bien del barrio, había gritado
a Catalina **«*axari, axari*»** o **«*axaria, axaria*»**.

Pamplona, 25 de junio de 1538
AGN, Corte Mayor, Proceso n. 209633, fol. 22r

kukudo 'bobo'

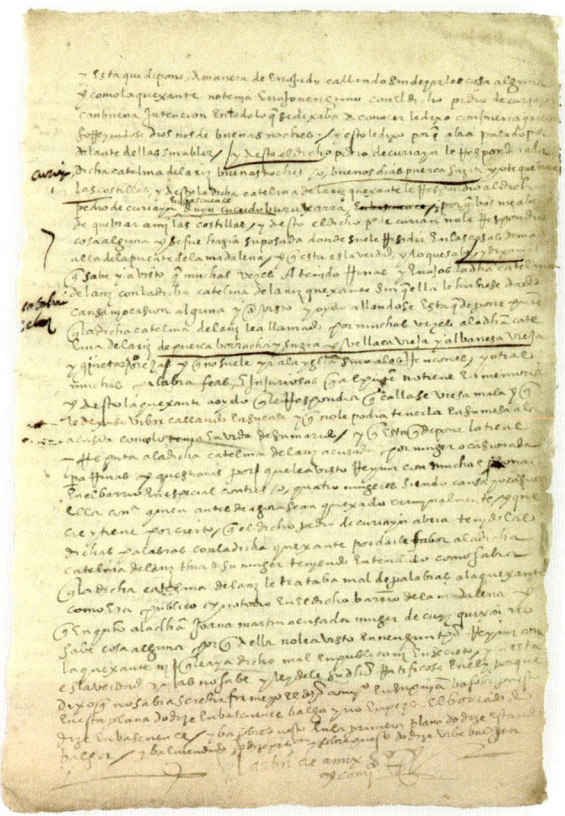

DOC. 2.15

La viuda Catalina de Lanza estaba en la puerta de su casa, en el barrio de la Magdalena de Pamplona, cuando pasó Pedro Zuriáin sin saludar, **«a manera de enojado, callando»**. Catalina le dijo: **«Dios nos dé buenas noches»**. Pedro replicó: **«Buenas noches o buenos días, puerca sucia. Yo te quebraré las costillas»**. Catalina le respondió **«en vascuence»**: **«Ruin *kukudo buru xarra*», «¿por qué vos me habéis de quebrar a mí las costillas?»**.

Pamplona, 1 de mayo de 1563
AGN, Corte Mayor, Proceso n. 146702, fol. 1v

brageta handi, zakilerre, zakilebaki

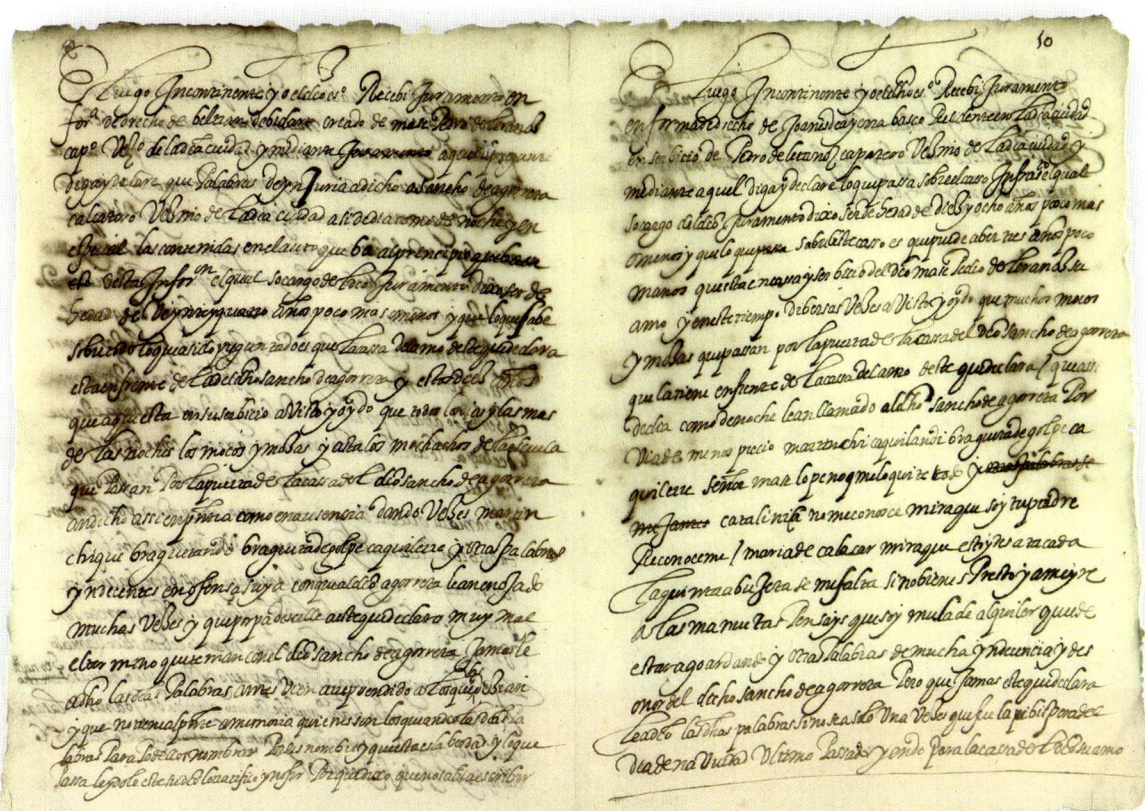

DOC. 2.16

El calcetero Sancho de Agorreta presentó queja criminal en 1596 contra varios vecinos de Pamplona por diferentes injurias. Según los testigos, muchas personas solían pasar por la puerta de su casa, **«todos los días y las más de las noches, los mozos y mozas y hasta los mochachos de la escuela»**, **«arrebozados, así hombres como mozas de servicio»**, y **«por hacer burla»** decían a voces: «Martinchiqui, *bragentandi*. Señor mase Lope, por amor de Dios, déjame un poquito para mi mujer, María de Salazar»; o «Martinchiqui, *saquilebaqui* y *bragetandi* y *saquilerre*. Mase Lope, no me lo quite todo por amor de Dios»; o «Martinchi, *braguetandi, zaquilerre*»; «Martinchiqui, *braguetandi*, bragueta de golpe, *zaquilerre*».

Pamplona, 29 de febrero de 1596
AGN, Corte Mayor, Proceso n. 283531, fol. 9v-10

gaizto 'malo'

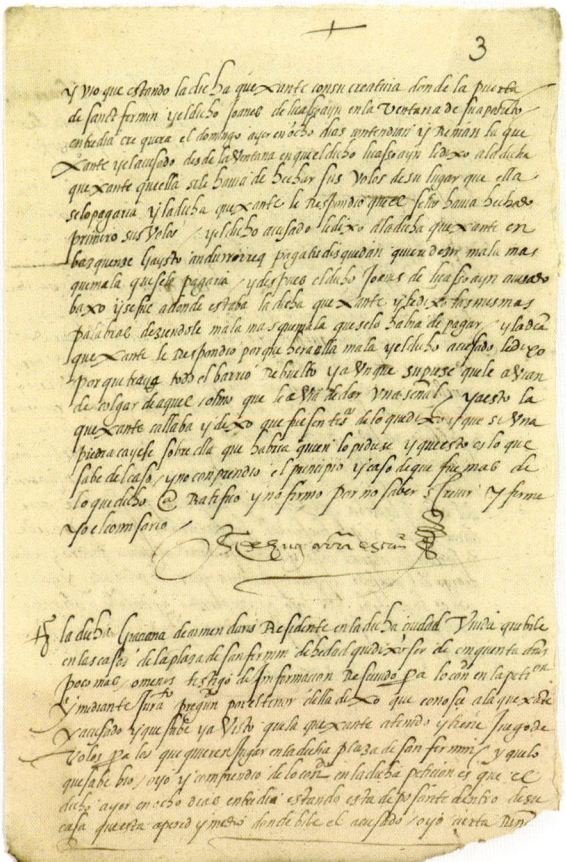

DOC. 2.17

Habitualmente, frente al palacio real de Pamplona, los hombres solían jugar a los bolos. Ese dia Graciana Redin, mujer del burullero Juan de Ochovi, llevó los bolos a petición de varios hombres y los puso «**en lugar que estaba vacante, donde no había ningunos bolos**». Poco después llegó el soldado Juanes de Lizasoáin con su mujer, y esta llevaba otros bolos y sin decir nada cogió los bolos de Graciana, los arrojó, y puso los suyos. Entonces comenzaron a reñir. Según un testigo, Juanes de Lizasoáin le dijo a Graciana en vascuence: «**gaysto andurrorreq pagatu dizque dan**, [que] **quiere decir "mala más que mala, que se lo pagaría"**», o bien «**andur gaystoa**». Y cuando ella le preguntó por qué era mala, Lizasoáin le contestó porque «**revolvía todo el barrio y que no había quien viviese con ella, y que daría algo por que se fuese del barrio**».

Pamplona, 26 de enero de 1562
AGN, Corte Mayor, Proceso n. 198457, fol. 3r

zar, zarra 'viejo'

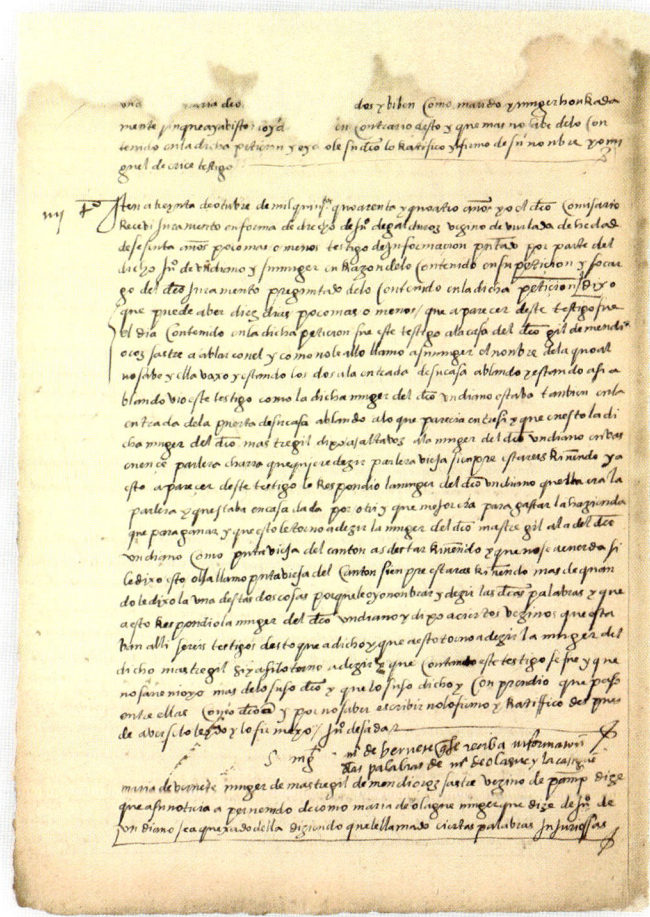

DOC. 2.18

En 1544, en Pamplona, María Beruete y María de Olagüe comenzaron a reñir y, según los testigos, Beruete dijo a Olagüe: **«Doyllor charra»** por dos veces, y después la trató de **«puta charra, puta ruin»**. O bien le dijo que era una **«puta charra, cantonera, que quiere decir puta vieja, cantonera»**. También le gritó, **«parlera charra, que quiere decir parlera vieja, siempre estais riñendo»**.

Pamplona, 30 de octubre de 1544
AGN, Consejo Real, Proceso n. 036439, fol. 2v

Los gestos injuriosos

Los gestos, escribía Tesauro en 1692, «son imágenes de los conceptos» y, por eso, sirven también para insultar. En los siglos XVI y XVII no eran extrañas formas de comunicación no verbal como la higa (parecida a la actual peineta), utilizada desde la Antigüedad para mostrar desprecio; poner un dedo en la frente a manera de desafío; hacer el signo de los cuernos para burlarse del marido engañado o propinar una bofetada con la mano abierta. Era humillante para un hombre que le tirasen de la barba o que le escupieran, y para una mujer, que le quitaran la toca. No faltaban tampoco —como hoy— otros gestos obscenos, como mostrar el trasero o tocarse los genitales, para afrentar o burlarse de otros.

◀

La higa

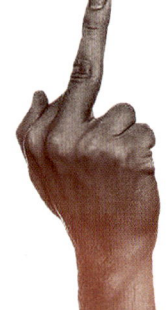

60

DOC. 2.19

En Estella, en 1568, según un testigo, cada vez que el pelaire Pascual de Abáigar volvía a su casa, le salía al encuentro Catalina de Lusagasti y le decía «**que era un villano, sacre, bellaco y dándole muchas higas**». Y Pascual le respondía: «**Sois una borracha y es de par de tarde y no habláis vos sino el vino**». A lo que Catalina replicó: «**Vos tenéis borrachos y borrachas en vuestra casa**».

Estella, 1 de abril de 1569
AGN, Corte Mayor, Proceso n. 211774, fol. 3v

Cuernos

DOC. 2.20

En Estella, en 1590, el 8 de septiembre se produjo una importante discusión entre dos familias, la de Vicente Ichaso y la de Martín de Amunárriz. Según uno de los testigos, en medio de la disputa, Munárriz se dirigió a Ichaso de esta manera: **« "Mírame a los tres dedos", y cuando le miró Ichaso, Amunárriz le dijo, poniéndole los dedos en la cabeza a manera de cuernos: "Pues yo juro a Dios que me lo has de pagar". Entonces Ichaso dijo a los presentes que fuesen testigos de que le llamaba cornudo. Y dijo Amunárriz: "Sean testigos que le digo, cornudo, cornudo, cornudo"»**, y le dijo que los hijos que tenía no eran suyos.

Estella, 27 de septiembre de 1590
AGN, Consejo Real, Proceso n. 012163, fol. 19r

Tirar de la barba, asir de los cabellos

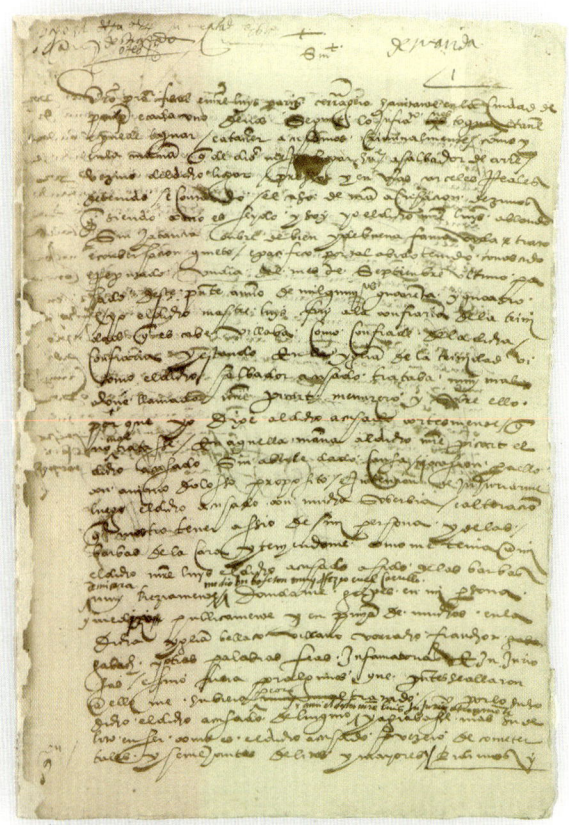

DOC. 2.21

Luis Paris, cerrajero, vecino de Pamplona, dijo en su demanda que Salvador de Arre le asió **«de su persona y de las barbas de la cara y teniéndome como me tenía a mí, el dicho maestre Luis, el dicho acusado asido de las barbas de mi cara, muy reciamente, me dio un bofetón muy recio en el carrillo, dándome golpes en mi persona y me dijo públicamente en presencia de muchos en la dicha iglesia "bellaco, villano, borracho, franchón, gabach" y otras palabras feas infamatorias».**

Pamplona, 5 de diciembre de 1544
AGN, Corte Mayor, Proceso n. 210076, fol. 1r

Detalle de la sillería del coro de la catedral de Zamora (siglo XV)

Señalar las partes vergonzosas

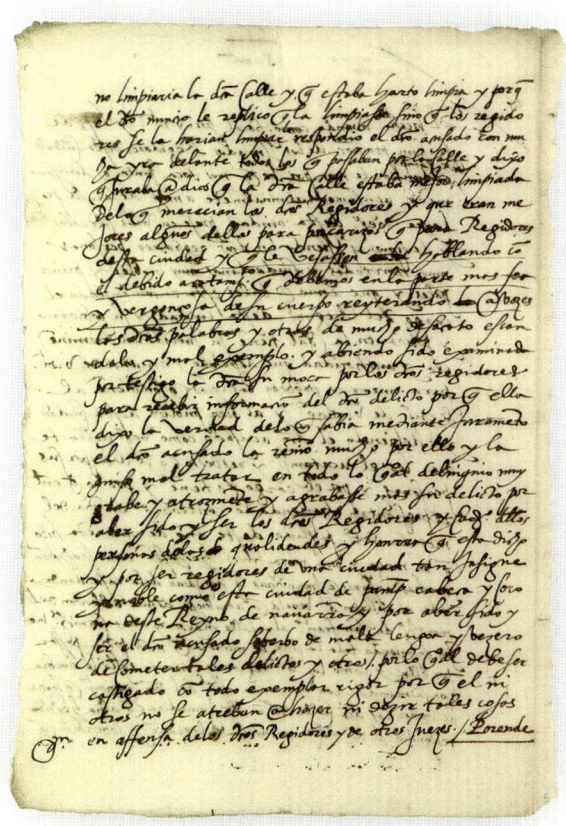

DOC. 2.22

Cuando el nuncio de la calleja de San Francisco de Pamplona pidió a Miguel de Sarasa que quitase la basura, Sarasa contestó **«con mucha alteración y soberbia que no limpiaría la dicha calle y que estaba harto limpia. Y porque el dicho nuncio le replicó que la limpiase, si no que los regidores se la harían limpiar, respondió el dicho acusado** [Sarasa] **con mucha ira, delante todos los que pasaban por la calle, y dijo que juraba a Dios que la dicha calle estaba mejor limpiada de lo que merecían los dichos regidores y que eran mejores algunos dellos para porcarizos que para regidores desta ciudad»** [y que] **«le besasen el culo»**.

Pamplona, 16 de octubre de 1550
AGN, Consejo Real, Proceso n. 095842, fol. 4v

Los proverbios flamencos (detalle), de Pieter Brueghel, el Viejo (1559)
(Gemäldegaleriede Berlin)

Injurias contra Dios: la blasfemia

Hoy la blasfemia forma parte del debate sobre los límites de la libertad de expresión. En el contexto de los siglos XVI y XVII, expresiones como **«reniego de Dios y de sus santos y de Santa María»**, **«reniego de Dios y de su sangre»**, **«no creo en Dios»** o **«pese a Dios»**, manifestadas con cólera o en tono de burla, en una discusión o en un juego, eran blasfemias. Estas podían ser castigadas por cualquier tribunal y, sobre todo, por la Inquisición, como una proposición herética, contraria al segundo mandamiento: **«No pronunciarás el nombre de Dios en vano»**. Sus protagonistas eran varones jóvenes, campesinos y artesanos. La pena habitual era la penitencia pública, el destierro, la multa o los azotes.

San Esteban acusado de blasfemo
(detalle)
(c. 1562)
Juan de Juanes
Museo del Prado

34 **Tratado III.**

que v. m. tuvo en hazer eſte juramento, fueſſe el aver perdido ſu dinero, y ſu fin era el no perder mas; de ai es, que ſiempre que v. m. ha jugado, exponiendo al juego dinero, ha quebrantado el juramento; mas eſſas quatro vezes que ha jugado por divertirſe, no ha pecado, porque a eſſe fin no ſe opone el jugar vn divertimiento con dos amigos.

18. P. Padre, acuſome, que otra vez eſtando jugando con Pedro, y perdiendo algunos reales, él ſe me levantó ſin querer proſeguir el juego, y yo indignado juré de nunca mas jugar con él.

C. Y el jugar v. m. con Pedro, le era ocaſion de inquietudes, ò diſcordias, por ſer Pedro perſona ocaſionada, que dava motivo para ellas?

P. No, Padre, ſolo ſentido de que no me hiziera juego, hize el juramento.

C. Quando ſemejantes juramentos ſe hazen por fin de no jugar con perſonas ocaſionadas, eſſe juramento es valido, y obliga; y lo miſmo es, quando ſe jura no jugar en tal caſa, ò à tal juego, por ſer ocaſion de algunos daños; y la razon es, porque el juramento promiſſorio del mejor bien, obliga; es mejor bien no jugar con perſonas, en caſa, ò juegos, que ſean ocaſion de algun daño, ò mal: luego tal juramento obliga. Sanchez *tom. 1. in Decal. lib. 3. cap. 18. n. 9.*

Pero quando el jugar con tal perſona, en tal caſa, ò tal genero de juego, no es ocaſion de mal, y ſolo ſe haze el juramento por algun deſpique, no obliga eſte juramento, Sanchez *ibid. n. 10.* y es la razon, porque el juramento promiſſorio para que obligue, ha de ſer de mejor bien; no lo es el no jugar con tal perſona, caſa, ò juego, quando el motivo es el referido: luego no obliga. Antes bien es pecado el hazer tales juramentos, grave, ò leve, ſegun ſea mas, ò menos grave el motivo con que ſe hizieron.

19. P. Padre, acuſome, que ſiempre que me pongo a jugar, prorrumpo en juramétos, y maldiciones, porque ſoy tan deſgraciado, que rara vez gano.

C. Eſto es muy ordinario en el juego; y aunque v. m. no huviera hecho juramento de no jugar, pecarà ſiempre que juega coſa de monta, por cauſa de eſſos juramentos; porque no ſolo es pecado el hazer el mal, ſino tambien el ponerſe a peligro dèl: pa-ra v. m. el juego es peligro de pecar con juramentos, y maldiciones; luego pecarà v. m. ſiempre que juegue. Y por ſer yà en v. m. eſſe pecado de coſtumbre, y eſſa ocaſion muy proxima, que le induce a tanto juramento, y blasfemia, eſtà v. m. incapaz de abſolucion, ſino trata de enmendarſe.

Como; y quando ſe ha de negar la abſolucion, quando ay coſ-

Del ſegundo Mandamiento. **35**

tumbre, ò ocaſion proxima, ſe dirà deſpues *Tratad. XI. Propoſ. 60.*

P. Padre, y podrà V. P. eximirme de la obligacion del juramento que hize de no jugar mas?

C. Si, hijo, muchos medios ay para ello, que ſon el de la diſpenſacion, comutacion, y relaxacion, de que trataré deſpues en la materia del voto.

20. P. Padre, acuſome, que a Juan le ofrecì cien reales, porque dieſſe de palos a Pedro; él lo hizo, y deſpues yo no le quiſe pagar los cien reales.

C. En quanto à la obligacion de pagar a Juan eſſos cien reales, no eſtà v. m. obligado a ello en opinion probable; porque la promeſſa que ſe haze por coſa torpe, ò prohibida, no obliga aun deſpues de executada la accion, v. g. promete Pedro a Matias, que ſi le permite el tener copula con ella, le darà tanto; no eſtà obligado a darſelo, aunque Maria aya condeſcendido con ſu deſeo. Ita Leſio *tom. 1. lib. 2. de inſt. cap. 18. dub. 3. n. 2.* Navarro, y otros que cita, y no ſigue Fagundez *ſobre el Decalogo, lib. 2. cap. 18. n. 46.* y es la razon, porque como dize el Derecho *de regul. iuris in 6. Non*

eſt obligatorium iuramentum contra bonos mores, eſſos juramentos, y promeſſas ſon contra las buenas coſtumbres, luego no obligan.

No obſtante mas probable es, que obligan deſpues de executada la accion; porque eſſa promeſſa no fue gratuita, ſino oneroſa: en los contractos oneroſos, ay obligacion de ambos contrayentes de eſtar a lo pactado; luego obligan deſpues de executada la accion. Santo Tomàs 2. 2. q. 62. art. 5. ad 2. Cayetano, Coyarrubias, y otros que cita, y ſigue Fagundez *en el lugar citado n. 45.*

Dixe, que deſpues de executada la accion obligan eſſas promeſſas; porque antes de executarſe, v. g. antes que Juan dieſſe de palos a Pedro, no obligava, porque nadie puede eſtar obligado a executar vna coſa mala.

CAPITVLO II.
De las blasfemias.

21. P. Padre, acuſome, que vna ocaſion con vn impetu de colera, dixe, reniego de Dios, y de la criſma que tengo, por la cabeça de San Pablo.

C. Todas eſſas eran palabras de blasfemia; cuya malicia conſiſte en ſer deshonra de Dios, y de ſus Santos, lo qual ſe puede hazer tanto con palabras, como por obras.

El que la blasfemia ſe diga contra Dios, ò contra los Santos, no las diſtingue en eſpecie Azor,

C 2 Va-

DOC. 2.23

Jaime de Corella

Práctica del confesionario y explicación de las sesenta y cinco proposiciones condenadas por la santidad de nuestro santisimo padre Inocencio undécimo

Burgos, Herederos de Juan de Viar, 1689, p. 35

AGN, Biblioteca, FBA/811

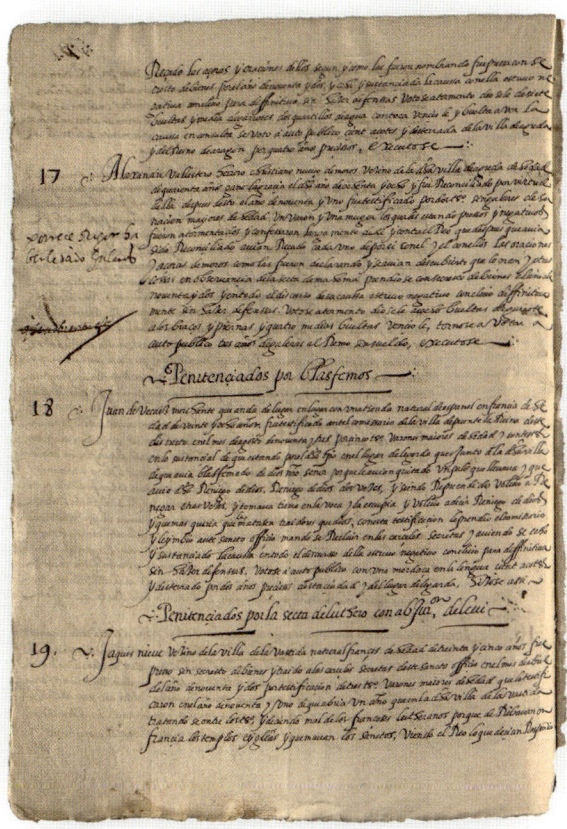

DOC. 2.24

«Penitenciados por blasfemos. Juan de Becaiz, merchante, que anda de lugar en lugar con una tienda, natural de Espanel, en Francia, de edad de veinte y ocho años, fue testificado ante el comisario de Puente la Reina deste districto, en el mes de agosto de noventa y tres, por cinco testigos mayores de edad y contestes en lo sustancial, de que estando por el dicho tiempo en el lugar de Legarda, ques junto a la dicha villa, de que había blasfemado de Dios Nuestro Señor, por lo que le habían quitado un palo que llevaba y que había dicho: **"¡Reniego de Dios, reniego de Dios!"** dos veces. Y siendo reprendido volvió a renegar otras veces y tomaba tierra en la boca y la escupía. Y volvió a decir **"¡Reniego de Dios!"** y que más quería que las matasen traidores que Dios. Con esta testificación le prendió el comisario y le invió ante Sancto Oficio. Mandose recluir en las cárceles y habiéndose hecho y sustanciado la causa en todo el discurso della estuvo negativo. Concluyó para definitiva sin hacer defensas. Votose a auto público con una mordaza en la lengua, cient azotes y desterrado por dos años precisos desta ciudad [Logroño] y del lugar de Legarda. Hízose así».

Logroño, 24 de febrero de 1593 al 24 de febrero de 1594

Gobierno de España. Ministerio de Cultura.
Archivo Histórico Nacional, Inquisición, lib. 834, fol. 691v

RENIEGO DE DIOS

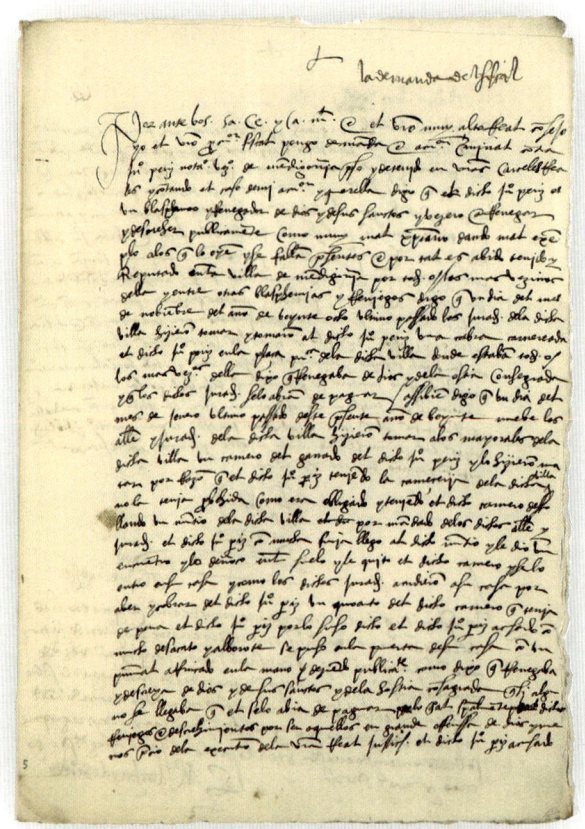

68

DOC. 2.25

El Fiscal demandó a Juan Périz, vecino de Mendigorría en 1529, porque era **«un blasfemo y renegaba de Dios y de sus santos»**. Así, un día del mes de noviembre de 1528 los jurados de la villa le tomaron una cabra carnereada como multa. Entonces Juan Périz, en la plaza de la villa, ante gran número de vecinos **«dijo que renegaba de Dios y de la hostia consagrada y que los dichos jurados se lo habían de pagar»**.

Pamplona, 4 de marzo de 1529
AGN, Consejo Real, Proceso n. 035890, fol. 5r

El rumor
y la murmuración

La murmuración, según santo Tomás de Aquino y los canonistas, **«es un borrón que con palabras se pone en la fama de otro»**. En los procesos, el rumor se hace patente en los **«había visto»**, **«ha oído decir»**, **«fue deciendo»**, **«me han dicho»**, **«se decía»**, **«se dijo»**, **«había fama»**, que salpican las declaraciones de los testigos. Era la fórmula para lanzar sospechas, en detrimento de la honra de la víctima, sobre una mujer casada (**«se decía tenían información que se aprovechaba della»**), sobre un linaje (fue **«deciendo que es agote»**) o sobre otros comportamientos. Una práctica de todo tiempo y lugar, pues, como recordaba Don Quijote a Sancho: **«es querer atar las lenguas de los maldicientes lo mesmo que querer poner puertas al campo»**.

Villano y villanas vizcainas (detalle)
Braun, Georg y Hogenberg, Franz,
Civitates Orbis terrarum, Colonia,
Agrippinea, 1572- 1617, III, parte V

Donsellas Biscainas y Gasconas
Virgines fiue puellæ Biscainæ et Aquitaniæ

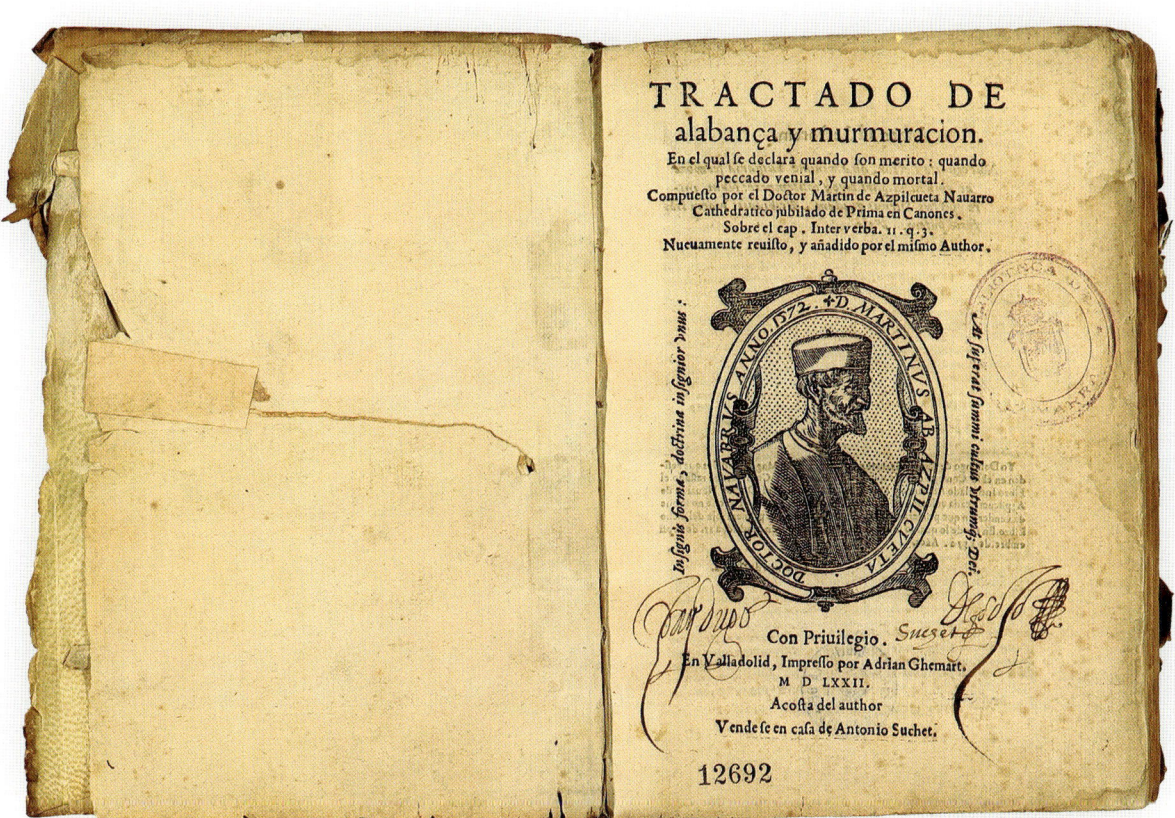

DOC. 2.26

Martín de Azpilcueta

Tractado de alabanza y murmuración, en el cual se declara cuándo son mérito, cuándo pecado venial y cuándo mortal.

Valladolid, Adrian Ghemart, 1572

Biblioteca de Navarra, FA/5713

LAS INJURIAS EN SU CONTEXTO

El desprecio social y personal

La violencia verbal servía (y sirve) para humillar y buscaba (y busca) la burla y el desprecio social del otro. Por este motivo, lo más efectivo era utilizar aquellos insultos que, conforme a los criterios de la época, podían tener más repercusión. En los siglos XVI y XVII los más ofensivos eran, sobre todo, aquellos que hacían referencia a la conducta pública o sexual, a la religión y raza o a la procedencia geográfica y social. Muchos de estos insultos han perdido hoy su vigencia; otros se mantienen, principalmente aquellos que aluden a la religión (insultos antisemitas, islamófobos y anticristianos), a la raza y procedencia (contra negros, moros, latinoamericanos, asiáticos, o incluso contra compatriotas de otras regiones) y a la condición social o sexual. En la época contemporánea cobran especial relevancia los insultos políticos.

Hudibras se encuentra con el Skimington (detalle)
Ilustración de William Hogarth para el libro *Hudibras* de Samuel Butles. 1822
Baldwin & Craddock (Londres)

Description et figure du sabbat des sorcières (detalle) del dibujante y grabador polaco Jan Ziarnko, incluido en Lancre, Pierre de, *Tableau de l'inconstance des mauvais, anges et demons*, Paris, Nicolas Buon, 1613, entre pp. 118-119 (Bibliothèque Nationale de France)

No hubo remedio (1799), grabado de Francisco de Goya que representa a un penitenciado por la Inquisición (Los Angeles County Museum of Art)

Injurias por religión, raza y procedencia

En Navarra, los cristianos nuevos, descendientes de judíos, además de ser apartados de oficios y beneficios, sufrieron reiteradas injurias (**perro judío**, **penitenciado**). La Reforma protestante, y su arribo a la frontera pirenaica, contribuyó al uso de injurias como **luterano** o **hereje**, una manera de atacar a los procedentes de Francia y del Bearn y su vinculación al calvinismo. Por esta razón, tampoco eran extraños los insultos que señalaban la procedencia de los sujetos, caso de **francés**, **gabacho** o **castellano**. No menos relevantes fueron los desprecios raciales, en especial el caso de los agotes («**mala casta, chistrón**», «**agote, chistrón, traidor**»), que sufrieron discriminación durante siglos.

◄

Retrato de un noble francés (1629), de Abraham Bosse, incluido en su obra *Le jardin de la noblesse françoise, dans lequel ce peut ceuillir leur manierre de vettements* (Paris, Melchior Tavernier, 1629)

INJURIAS CONTRA JUDEOCONVERSOS Y MORISCOS

«judío», «casta de judíos», «raza de judíos»

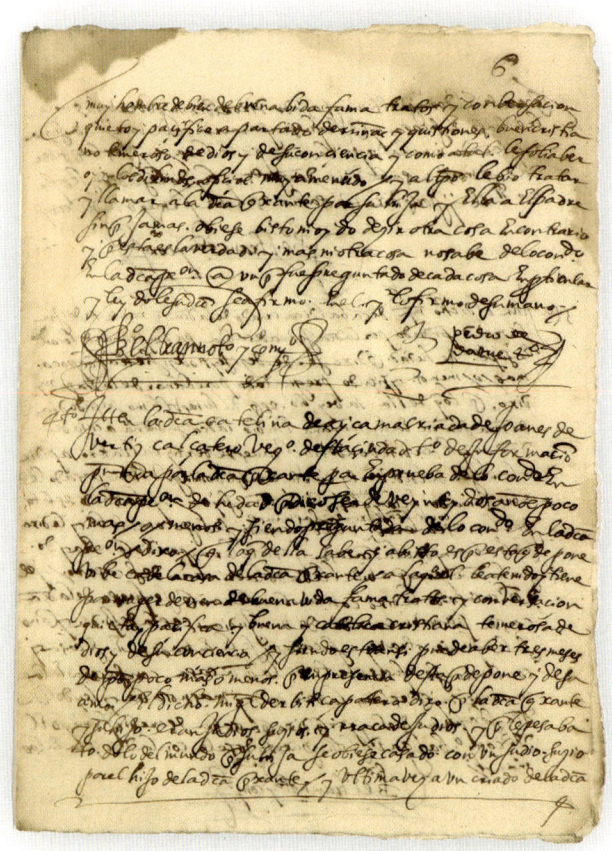

DOC. 3.1

Juana de Cavia, viuda de Martín de Idoy, vecina de Pamplona, demandó en 1578 al zapatero Miguel de Erviti, su consuegro, porque públicamente, en diversas partes y ante muchas personas, había dicho que era **«una judía»**. Un día, un criado de Juana fue a la casa de Erviti y este le dijo al criado: **«¿Qué tienes que haber aquí, criado de una judía? Si te veo entrar en esta casa, te quebraré la cabeza»**. Los testigos confirmaron los hechos. En una ocasión Erviti dijo que Juana y su hijo **«eran judíos sucios y raza de judíos, y que le pesaba a todo lo del mundo que su hija se hobiese casado con un judío sucio»**. Además, cuando un criado suyo fue a casa de Erviti, este le ordenó **«que no se le entrase en su casa y que se fuese para criado de una judía sucia»**, o bien **«que se fuese de la dicha casa para un criado de una judía, casta de judíos»**. Otros afirman que cuando a Erviti le hablaron de los tratos de casar a su hija con el hijo de Juana, Erviti dijo **«que el hijo de la dicha quejante era de raza de judíos y que no se lo ementasen de casamiento con él a su hija poco ni mucho»**.

Pamplona, 10 de diciembre de 1578
AGN, Corte Mayor, Proceso n. 281771, fol. 6r

INJURIAS CONTRA JUDEOCONVERSOS Y MORISCOS

«judío traidor» «judío encorozado»

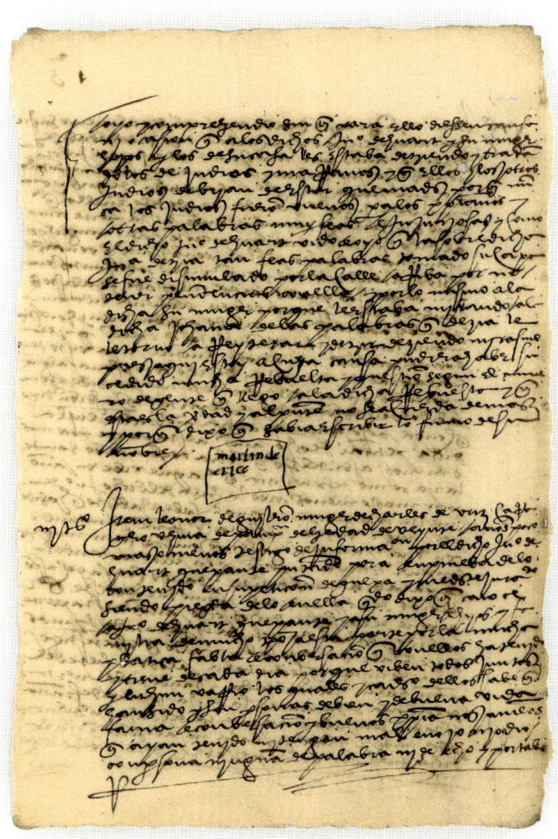

DOC. 3.2

El recardero de Pamplona, Juan de Huarte, presentó queja en 1558 contra Johana de Francia o Añoa, porque a él y a otros vecinos del barrio, cuando la reprendían **«en cosas de servicio de Dios tocantes a su honra»**, los trataba de judios. A Huarte, en concreto, lo había llamado **«judío traidor»** y **«judío encorozado»**. Según un testigo, a Huarte y su familia les dijo que eran **«judíos y marranos y que ellos y los otros judíos debían de estar quemados, porque nunca los judíos fueron buenos para los cristianos»**.

Pamplona, 18 de julio de 1558
AGN, Corte Mayor, Proceso n. 280973, fol. 3v

INJURIAS CONTRA JUDEOCONVERSOS Y MORISCOS

«judíos sambenitados» «perros», «fariseos»

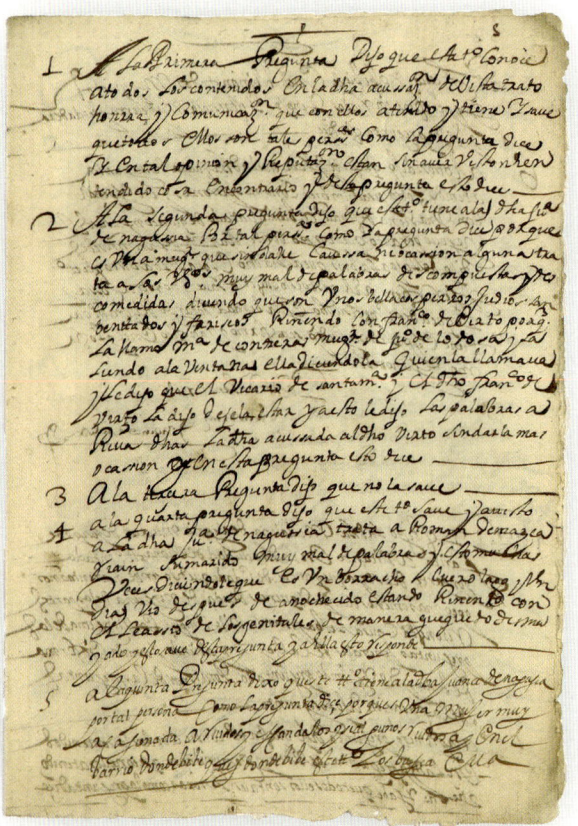

DOC. 3.3

Varios vecinos de Viana, encabezados por Antón Carrillo, se quejaron
en 1635 ante los tribunales de Juana de Nagusía, porque trataba muy
mal a sus vecinos y les llamaba **«bellacos, perros, judíos sambenitados y fariseos»**.

Viana, 30 de octubre de 1635
AGN, Corte Mayor, Proceso n. 122850, fol. 5r

INJURIAS CONTRA JUDEOCONVERSOS Y MORISCOS

«moro», «casta de moros»

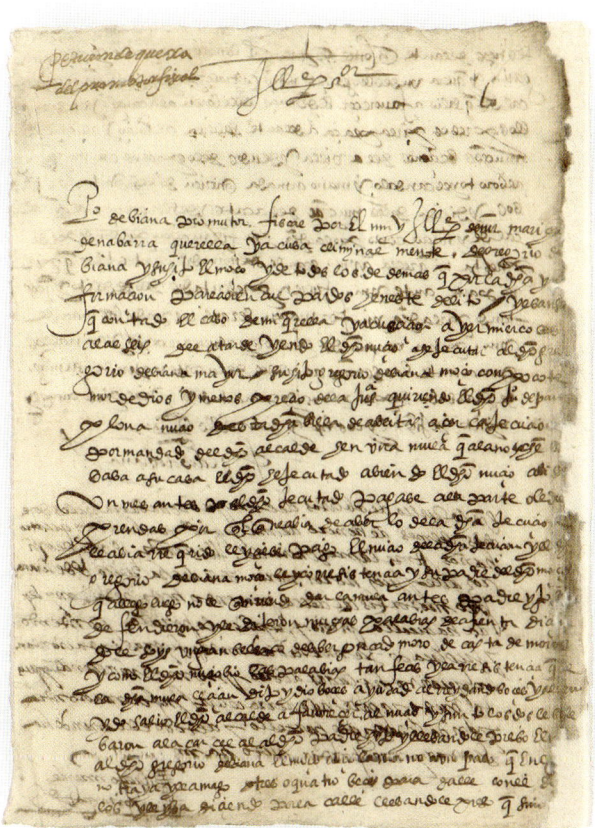

DOC. 3.4

En 1584, en Ablitas, Juan de Pamplona, nuncio de la villa de Ablitas, presentó queja criminal contra Gregorio Viana y su hijo, Gregorio Viana el mozo, porque cuando Juan de Pamplona fue a cumplir un mandato del alcalde y prender una mula de Viana, ellos se resistieron y le dijeron: **«Sois un gran bellaco, desvergonzado, moro, de casta de moros»**. El nuncio comenzó a gritar: **«¡Ayudad al rey!»** y acudió el alcalde que detuvo al padre y al hijo y los llevó presos. Gregorio el mozo amagó en varias ocasiones con atacar al alcalde con un palo y, cuando iban por la calle, el mozo decía **«que sin testigo delante que con el dicho palo quél lo moliera a palos y que se lo pagaría y quera un desvergonzado, moro»**. Los testigos confirmaron que Gregorio el mozo le dijo al nuncio: **«Sois un bellaco, desvergonzado, moro, de casta de moros»** .

Ablitas, 12 de enero de 1584
AGN, Corte Mayor, Proceso n. 282469, fol. 1r

INJURIAS CONTRA AGOTES

«agote» «chistrón»

82

DOC. 3.5

Margarita Gordo, viuda de Jaime Lanz, vecina de Olite, presentó queja criminal en 1572 contra Juan Izco, porque este, desde la ventana de su casa y en la calle, dijo públicamente que Margarita era una **«bellaca, agota, chistrona»**. Según los testigos, cuando un niño de Margarita, llamado Ambrosio Izco, pasó junto a la casa de Juan de Izco y de su mujer, María de Quincoces, esta le dijo que era **«hijo de un agote, chistrón, traidor»**. Es más, Izco y su mujer la habían tratado de **«mala mujer, y que le habían quitado los estudiantes dencima, y que era una puta traidora, y su marido difunto un agote, chistrón. Y ella también era agota, chistrona, y que su suegro había muerto con sospecha de que era verdad»**.

Olite, 7 de febrero de 1572
AGN, Consejo Real, Proceso n. 028066, fol. 5r

«hereje» «luterano»

DOC. 3.6

En 1593 Miguel de Muguiro, capellán de la iglesia de San Lorenzo de Pamplona, estaba con otros sacerdotes **«pajareando junto al lugar de Azoz»**, en despoblado, cuando llegaron Nicolás de Esáin y Juan Rogel de Agramont, armados con arcabuces, y trataron a Muguiro de **«ladrón, bellaco, probado, irregular, luterano, perro, hereje»**. Los testigos confirmaron que Esáin y Agramont trataron a Muguiro de **«ladrón, bellaco probado, irregular, perro, hereje y luterano»**, o **«ladrón, bellaco, mil veces probado, perro, luterano y hereje irregular»**.

Pamplona, 28 de octubre de 1593
AGN, Corte Mayor, Proceso n. 199632, fol. 1r

INJURIAS CONTRA BRUJAS

«sorgina, broja, mala vieja»

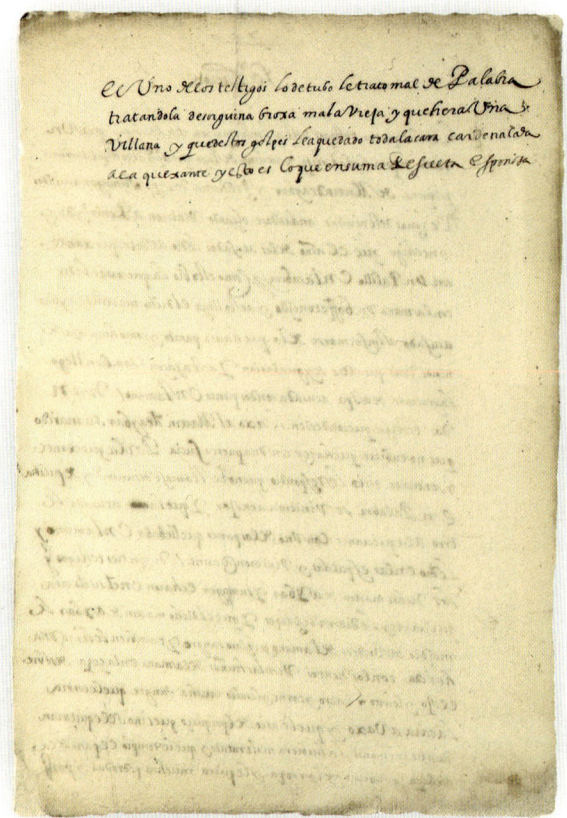

DOC. 3.7

En 1606, en Pamplona, un niño de poca edad, hijo de Catalina Lago, y otro, hijo de Martín de Aibar y Graciana de Azpa, estaban jugando en la calle, pero comenzaron a reñir y el hijo de Martín le dio al hijo de Catalina con un palo en la cabeza. Entonces Catalina salió en defensa de su hijo y le dio **«un bofetoncillo»** al hijo de Martín, quien, **«como era cosa de niños, dijo que ellos se igualarían»**. Pero Graciana comenzó a reñir con Catalina, y tanto Graciana como su marido la trataron **«de sorguina, broja, mala vieja, y que era una villana»**.

Pamplona, abril de 1606
AGN, Corte Mayor, Proceso n. 149648, fol. 7v

«bruja llena de sapos»

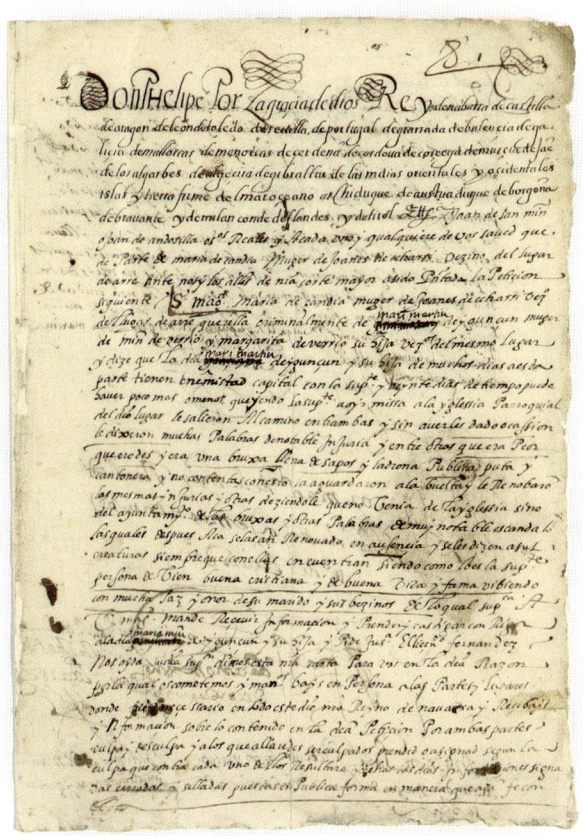

DOC. 3.8

Maria de Zandio, vecina de Arre, esposa de Juanes de Echarri, presentó queja en 1585 contra Mari Martín de Igunzun y su hija Margarita de Berrio, porque un día de enero, cuando Zandio iba a misa, madre e hija le salieron al camino y le dijeron **«que era peor que Herodes, y era una bruja llena de sapos y ladrona pública, puta y cantonera»**. Y después, cuando regresaba de la iglesia, volvieron a decirle lo mismo y **«que no venía de la iglesia sino del ayuntamiento de las brujas»**. Los testigos así lo confirmaron. Todo porque acusaban a Zandio de haberles matado una gallina. Un día María de Zandio le dijo a una vecina, Juana de Arre, haciendo referencia a Igunzun y su hija: **«Mirá, vení, vení, comadre, y veréis cómo andan danzando la dicha Mari Martín y Margarita** (acusadas)**, y veréis cómo descubren las partes vergonzosas y me están haciendo señas»**. Y Arre le respondió **«reyéndose»**: **«Calla, calla, quesas palabras mejores son para callar que para dicirlas»**. Otra testigo contó que oyó que Mari Martín le dijo a Zandio cuando esta iba a misa: **«Bruja perdida, con vergüenza vas a la iglesia. Tú no le mirarás bien a Cristo, hormiga ruin. Agora bien tienes fuerza, bruja llena de sapos»**.

Pamplona, 29 de enero de 1585
AGN, Consejo Real, Proceso n. 098932, fol. 1r

INJURIAS CONTRA LOS EXTRANJEROS

«gabacho»

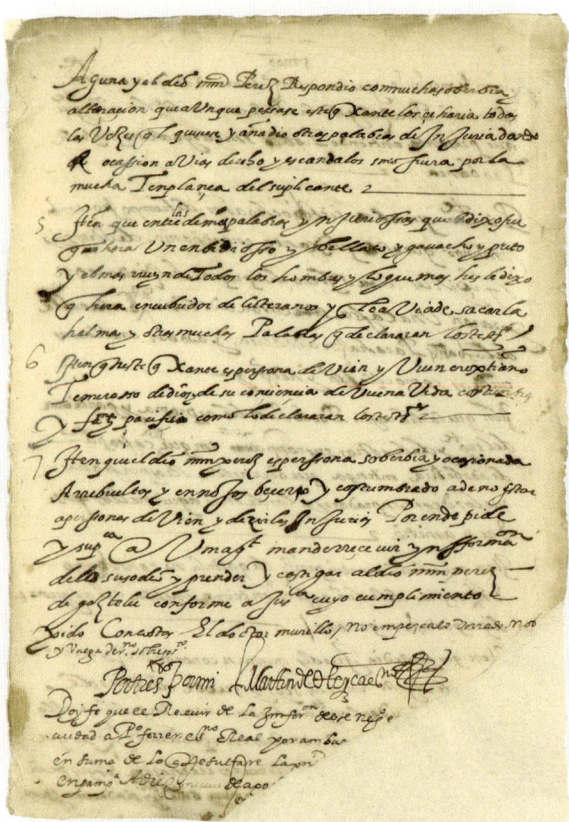

DOC. 3.9

Juan de Membiela y otros seis oficiales de Pamplona, todos ellos guanteros, habian comprado hacia unos años una casa con su adobería. Sin embargo, un dia de 1588 llegó Martin Pérez de Gaztelu, también guantero, y pretendió utilizar la adobería para sus cueros. Cuando se lo intentaron impedir, Gaztelu le dijo a Membiela **«que era un envidioso y bellaco y gabacho y puto y el más ruin de todos los hombres»**.

Pamplona, 20 de agosto de 1588
AGN, Corte Mayor, Proceso n. 148151, fol. 1v

INJURIAS CONTRA LOS EXTRANJEROS

«gascón»

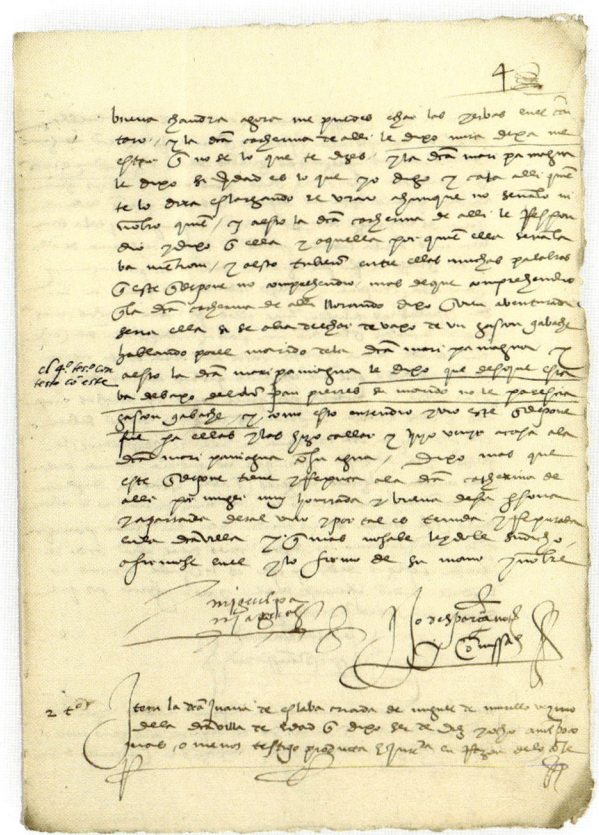

DOC. 3.10

María Paniagua, vecina de Santacara, casada con Juan Pierres, acusó en 1565 a Catalina de Allí de acostarse con su marido. Así se lo dijo un día, cuando las mujeres estaban lavando paños en el río, y Catalina, llorando, le respondió **«que bienaventurada sería ella si se había de echar debajo de un gascón, gabache»**. Y María le respondió **«que desque estaba debajo del dicho Joan Pierres, su marido, no le parescía gascón gabache»**. Según otra testigo, cuando María acusó a Catalina de acostarse con su marido, Catalina respondió: **«Buena estaba yo si me había de echar debajo de un coquín gabache»**.

Santacara, 17 de abril de 1565
AGN, Consejo Real, Proceso n. 097373, fol. 4r

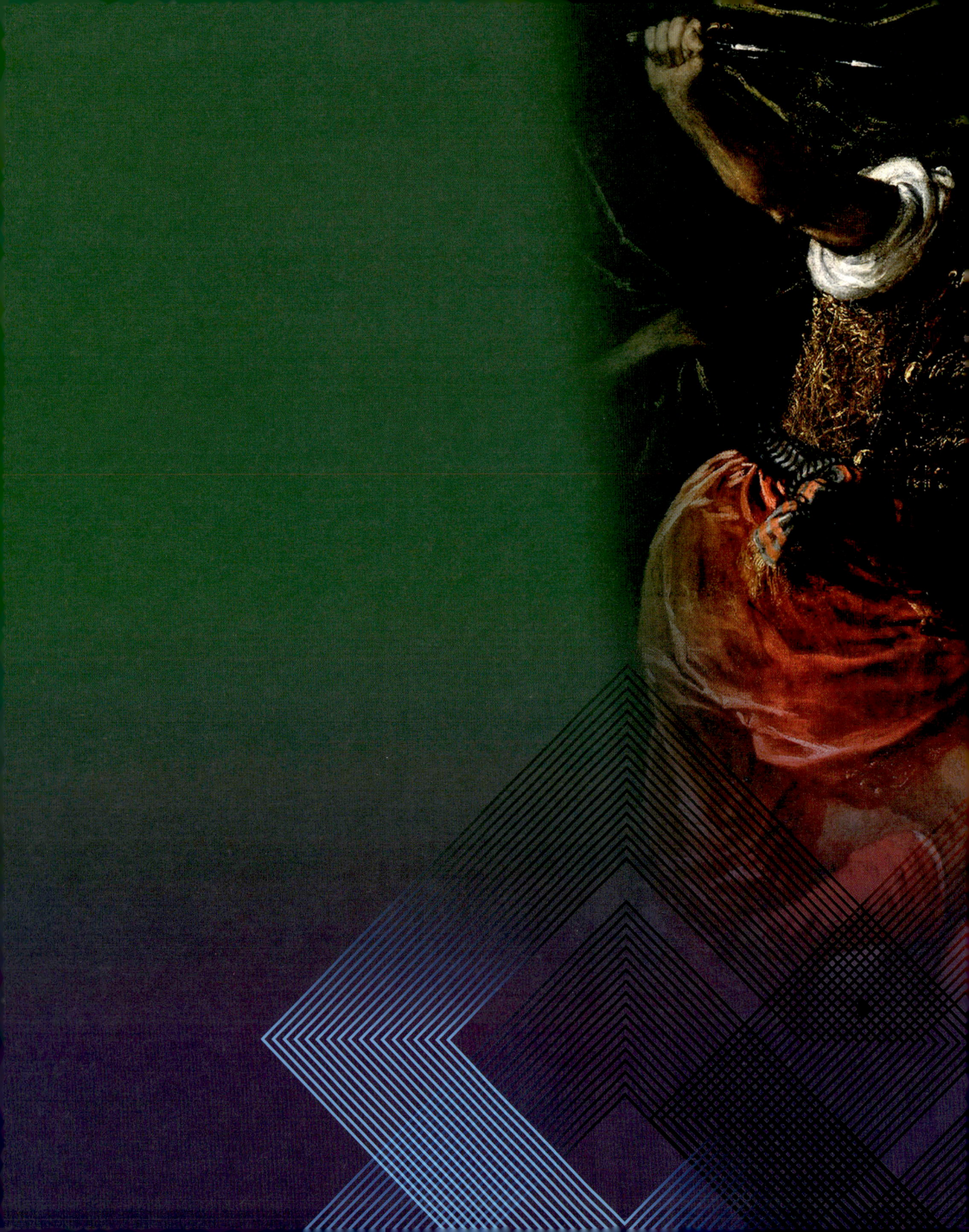

Injurias en el ámbito familiar y doméstico

La violencia doméstica se nos muestra en las crónicas diarias con la triste combinación de abusos físicos, psicológicos (la agresión verbal), sexuales y económicos. En los siglos pasados dan testimonio de ello los pleitos por malos tratos. Así se manifestaba en las disputas entre marido y mujer, donde no faltaban las amenazas (**«la había de matar»**), los golpes y un lenguaje peyorativo, sin sutilezas, contra la honestidad **«puta, borracha»**. Pero también se manifestaba en otros conflictos familiares, más aún en hogares donde convivían varias generaciones, como las **«pesadumbres»** entre padres e hijos, originadas casi siempre por razones económicas, o el maltrato hacia las criadas y criados.

◀

Tarquinio y Lucrecia
(c. 1571)
Tiziano
Fitzwilliam Museum. Cambridge (Inglaterra)

INJURIAS ENTRE MARIDO Y MUJER

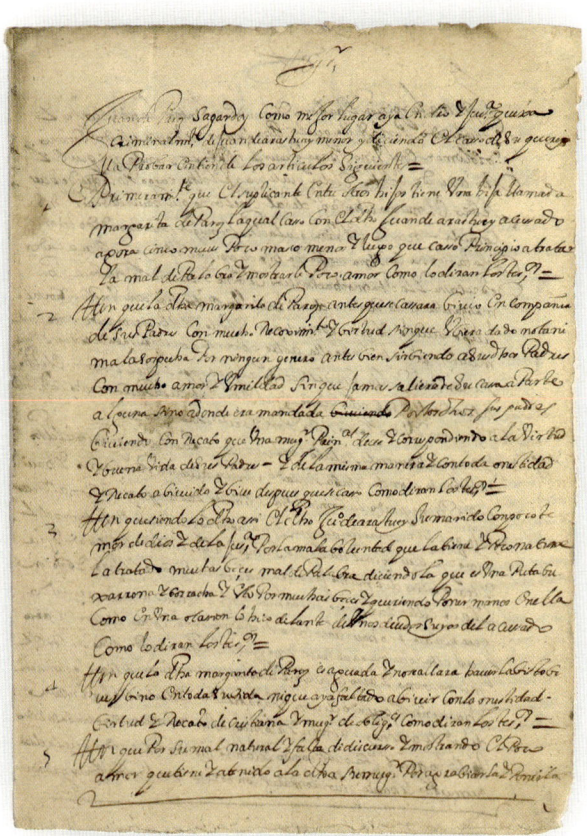

DOC. 3.11

Juan de Epároz Sagardoy y su hija Maria, vecinos de Sangüesa, en nombre de su hija y hermana, Margarita de Epároz, presentaron queja criminal contra su yerno y cuñado, Juan de Alastuey. Alastuey se habia casado hacia cinco meses con Margarita y, desde entonces, **«principió a tratarla mal de palabra y mostrarle poco amor»**. Después, en muchas ocasiones, la habia tratado de **«puta bujarrona y borracha»** y habia querido **«poner manos en ella»**. Estos insultos, según los testigos, faltaban a la verdad, pues Margarita era **«aguada»**, es decir, nunca se le habia visto beber vino y, mientras habitó con sus padres, siempre habia vivido con **«el recato que una mujer principal debe»**.

Sangüesa, 12 de agosto de 1636
AGN, Corte Mayor, Proceso n. 202189, fol. 1r

INJURIAS ENTRE MARIDO Y MUJER

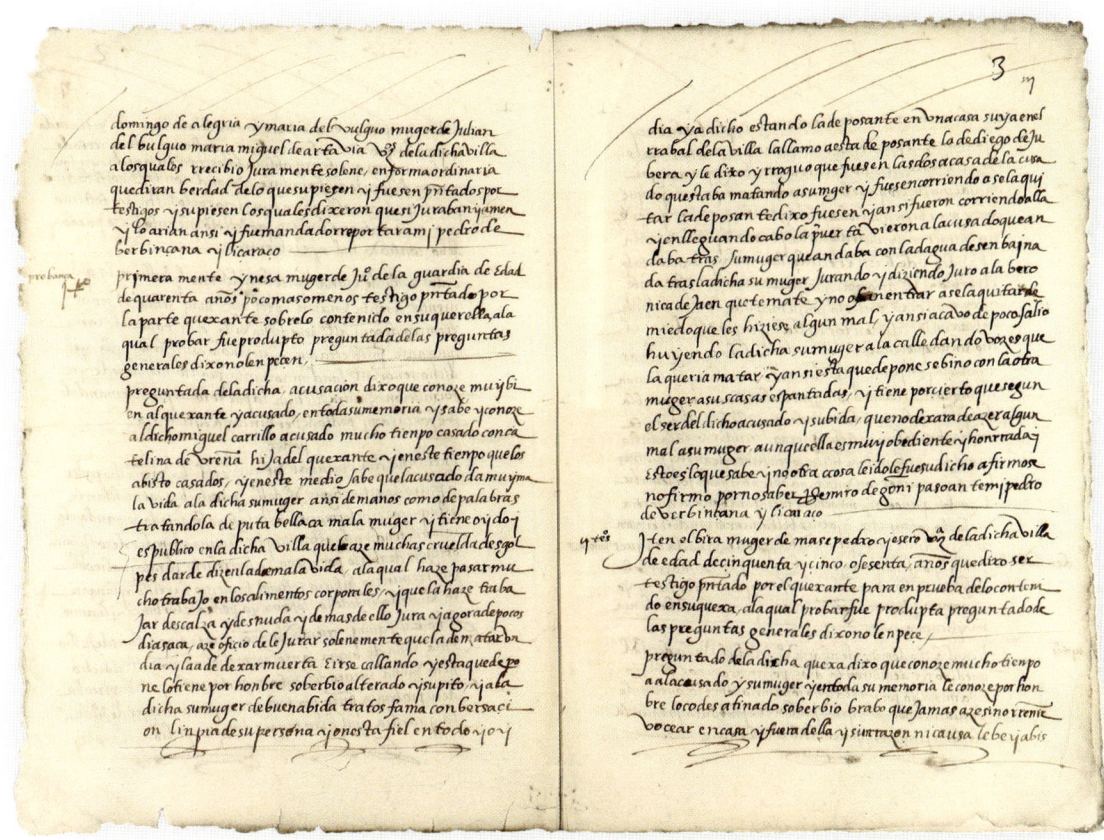

DOC. 3.12

Fue el padre de Catalina de Ureña, Juan de Ureña, quien en 1561 presentó queja criminal ante el alcalde de Viana porque el marido de Catalina, Miguel de Carrillo, la maltrataba y amenazaba de muerte. Una testigo, Inesa, dio testimonio de Carrillo: **«daba muy mala vida a la dicha su mujer, así de manos como de palabras, tratándola de puta, bellaca, mala mujer»**, además de golpes y otras crueldades, pues la hacía trabajar en casa **«descalza y desnuda»** y la amenazaba con matarla. De hecho, un día acudió a

Viana, 7 de julio de 1561
AGN, Corte Mayor, Proceso n. 145385, fol. 2v-3r

las voces de otra mujer, en los arrabales de la villa, porque Carrillo **«estaba matando a su mujer»** y fue testigo de que Carrillo tenía la daga desenvainada y perseguía a su esposa al grito de **«¡Juro a la Verónica de Jaén que te mate!»**. En la misma ocasión otra vecina, Elvira, vio a Carrillo atacar a su mujer con una daga **«diciéndole que no era su mujer, que fuese para bellaca, que se cabalgaba con su padre y otras bellaquerías y desvergüenzas. Y la dicha su mujer callaba y no decía nada»**.

INJURIAS ENTRE PADRES, HIJOS Y HERMANOS

«puta, bellaca, borracha, alcabueta»,
«puta, bellaca, ladrona y borracha», «borracha vieja y mala»

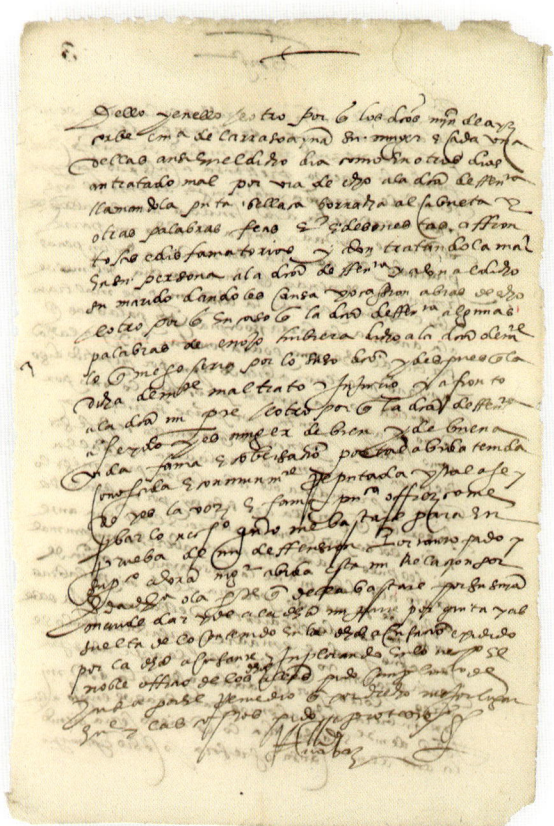

DOC. 3.13

María de Aizcorbe, casada con el pelaire Íñigo Endériz, fue demandada en 1550, en Pamplona, por injurias a su propia madre, María de Larrasoaña, mujer de Martin de Aizcorbe. Los padres habian hecho donación de sus bienes a su hija, pero esta los maltrataba e insultaba y habian iniciado pleito para revocar la donación. Sin embargo, un testigo acudió al oir una riña entre madre e hija y escuchó cómo Larrasoaña trataba a su hija de **«puta, bellaca, ladrona y borracha»**. Entonces María le respondió: **«Si no fuésedes vos mesmo borracha, no trataríades de la manera a vuestra hija»**. Sin embargo, un testigo de Larrasoaña oyó cómo María trataba a su madre de **«borracha vieja y mala»** y al testigo le pareció muy mal **«y, si fuera su hija deste que depone la hubiera muerto»**.

Pamplona, 12 de junio de 1551
AGN, Corte Mayor, Proceso n. 280664, fol. 3v

INJURIAS ENTRE PADRES, HIJOS Y HERMANOS

«tacaño perdido»

DOC. 3.14

En 1565, Jaime de Irisarri, de Astráin, había hecho donación y partición de sus bienes y se había reservado una pieza para él y su mujer. Sin embargo, su hijo Juanes aprovechó que su padre estaba preso para coger trigo de la pieza. Entonces Jaime le dijo: **«¿Qué tienes tú que ver en esta pieza? ¿Por qué no me dejas vivir como puedo?»**. Entonces Juanes arremetió contra su padre, le dio de golpes, empellones y puntapiés. Al día siguiente, cuando Jaime estaba trabajando en su huerta, vio a su hijo Juanes y le preguntó **«que por qué hacía tantos desacatos y excesos contra su padre»**. Y Juanes le replicó que **«se fuese de allá, si no que lo mataría»** y **«que era un traidor, tacaño perdido e otras palabras»**.

Pamplona, 31 de agosto de 1565
AGN, Consejo Real, Proceso n. 097480, fol. 1v

Discusión en el juego de cartas.
1665. Jan Steen
Staatliche Museen. Berlin (Alemania)

INJURIAS ENTRE AMOS Y CRIADOS

«borracha» «falso ladrón»

DOC. 3.15

Según la declaración de varios testigos, el mancebo Pedro Baztán había trabajado de criado en casa del pelaire Guillén de Sagüés y de su mujer, María Martín de Beruete, en Pamplona, en 1612. Pero días después de que dejara de trabajar para Sagüés, volvió a casa de este y exigió a Juana de Sagaseta, suegra de Guillén, que le devolviese unas camisas. Esto lo oyó María Martín y comenzaron a discutir; después de que él la tratara de **«borracha»**, María Martín le dijo **«que era un falso ladrón, que le había hurtado una camisa de casa»**.

Pamplona, 14 de marzo de 1612
AGN, Corte Mayor, Proceso n. 133897, fol. 6r

«bellaca, puta de su dicho marido»

DOC. 3.16

Maria de Aizpún era hija de la viuda Maria de Arguiñano. Según narró Arguiñano en su demanda, hacia tres años puso a su hija María **«seyendo moza virgen y estando y andando en hábito y reputación de tal y teniendo para casar y heredar mi casa, con Miguel de Sarasa y Graciana, su mujer, vecinos de Ororbia»**. Pasados dos años, Miguel de Sarasa forzó a María y **«la conoció carnalmente y le quitó su flor de virginidad y la empreñó de una hija»**. Cuando se enteró, en 1550, Graciana sacó a Maria de su casa llamándola **«bellaca, puta de su dicho marido y otras palabras de afruenta»**. María de Aizpún había parido una niña y estaba **«infamada, deshonrada, afrontada y desamparada de sus parientes y desechada de todos, y también del dicho Miguel en tanto no quiera tomar su dicha creatura. Y a no poner orden en ello se ha de morir la dicha creatura, porque no tiene la dicha María de qué alimentar a daquella ni a sí misma»**. Miguel negó que hubiera tenido contacto carnal con Maria. Si su mujer, Graciana, la llamó **«puta»** y otras palabras, **«se los pudo decir por vía de corrección, pues era su criada y las señoras permítese decir a los criados cuando ven algunos fallos en ellos»**.

Pamplona, 31 de julio de 1550
AGN, Corte Mayor, Proceso n. 293990, fol. 1r

Injurias por conducta pública y privada

Muchos injuriados tuvieron que hacer frente a insultos que los acusaban de quebrantar el proceder público que se esperaba de ellos (**traidor, ladrón, perjuro, falsario** o **matador**) o que eran sospechosos de conductas inadecuadas (**borracho, bellaco, amancebado, puta, cantonera, rufián, malo, parlera**). Aparecerán asimismo los *revolvedores* («Yo no soy desvergonzado ni *revolvedor*, sino que soy servidor del rey y tan bueno como vos») y *revoltosos* («eran unos *revoltosos* y que por ocasión suya andaban los parrochianos de la dicha iglesia inquietos y revueltos, y que nunca había de faltar un *revoltoso*»), tomados en un sentido que anuncia el insulto político, tan frecuente en los siglos posteriores.

◄

El jardín de las delicias (detalle)
(c. 1500-1505)
El Bosco
Museo del Prado (Madrid)

EL COMPORTAMIENTO SEXUAL DE LOS HOMBRES

«amancebado»

DOC. 3.17

En 1540, en Belascoáin, Hernando de Landa le dijo al clérigo y beneficiado Miguel Ibáñez de Belascoáin: **«don borracho, bellaco, cuero de vino, amancebado, yos quitaré esa cabeza, don bellaco»**. O bien, según otros testigos: **«bellaco, rufián, cuero de vino, amancebado»**.

Belascoáin, 20 de noviembre de 1540
AGN, Consejo Real, Proceso n. 063983, fol. 3r

EL COMPORTAMIENTO SEXUAL DE LOS HOMBRES

«puto»

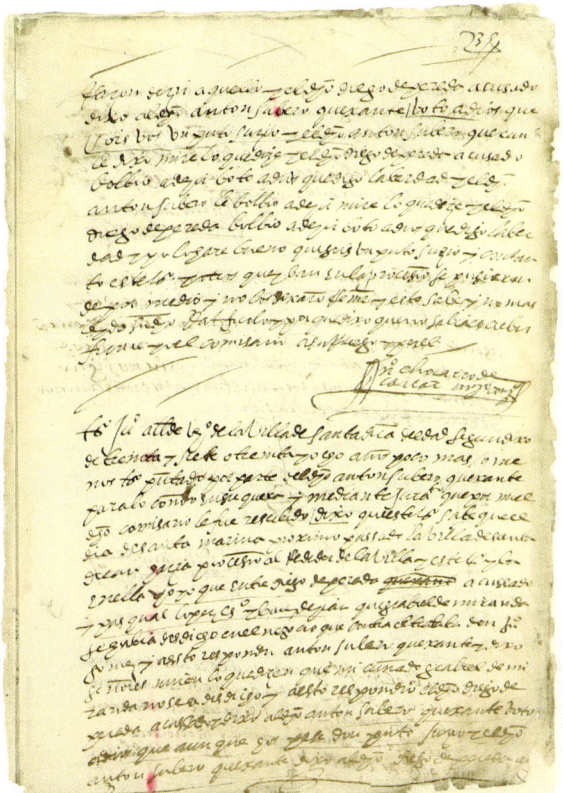

DOC. 3.18

Cuando el dia de Santa Marina de 1583 los vecinos de San Adrián iban en procesión, Diego de Pereda trató a Antón Subero de **«bellaco, puto»**. Según los testigos, Pereda le dijo a Subero: **«¡Voto a Dios!, don bellaco, puto, que yo soy tan bueno como vos»**. Al parecer, durante la procesión, Pereda y el escribano Pascual López decian que Gabriel de Miranda se habia desdicho en un negocio que contra él trataba don Juan Gómez. Entonces intervino Subero y dijo: **«Señores, miren lo que dicen, que mi cuñado Gabriel de Miranda no se ha desdicho»**. A lo que Pereda replicó: **«¡Voto a Dios!, aunque os pese, don puto, sucio»**.

San Adrián, 30 de septiembre de 1583
AGN, Corte Mayor, Proceso n. 212450, fol. 3r

EL COMPORTAMIENTO SEXUAL DE LAS MUJERES

«puta»

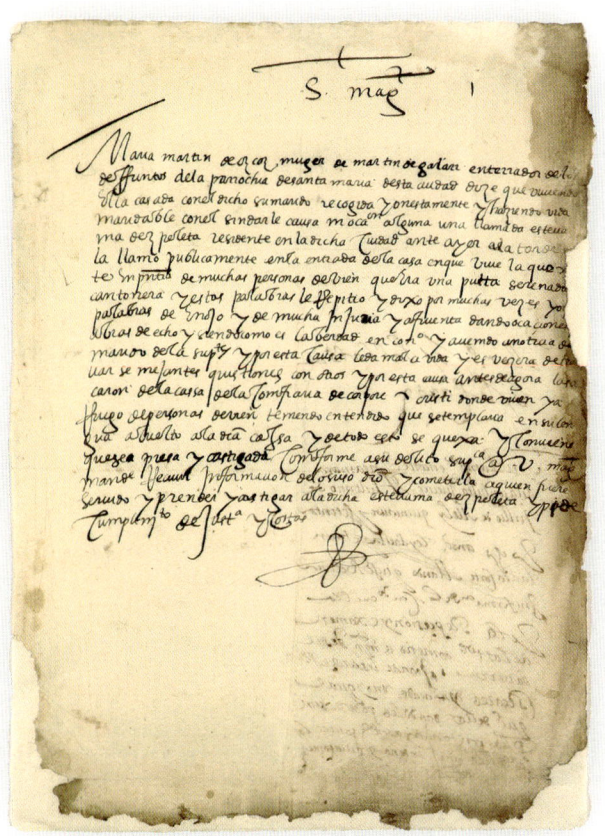

DOC. 3.19

En 1578, en Pamplona, Estefanía de Ezpeleta le dijo a María Martín de Oscoz, a altas voces, **«que era una puta serenada, cantonera»**. Una testigo afirma que Estefanía trató a María **«de bellaca desvergonzada, puta cantonera y que como tal se solía adrezar y poner las esquinas del paño de la cabeza a manera de cuernos»**. María le replicó **«que ella (María) no andaba dejado su** marido y que ella (Estefanía), **por ser mala mujer, andaba dejado su marido por ser bellaca, adrezándose los cabellos y afeitándose el rostro. Y que ella no andaba por la orden, sino que vivía con su marido como podía»**. Estefanía respondió y trató a María **«de romera, puta, cantonera»**.

Pamplona, 31 de julio de 1578
AGN, Corte Mayor, Proceso n. 199131, fol. 1r

EL COMPORTAMIENTO SEXUAL DE LAS MUJERES

«desvergonzada, sucia»

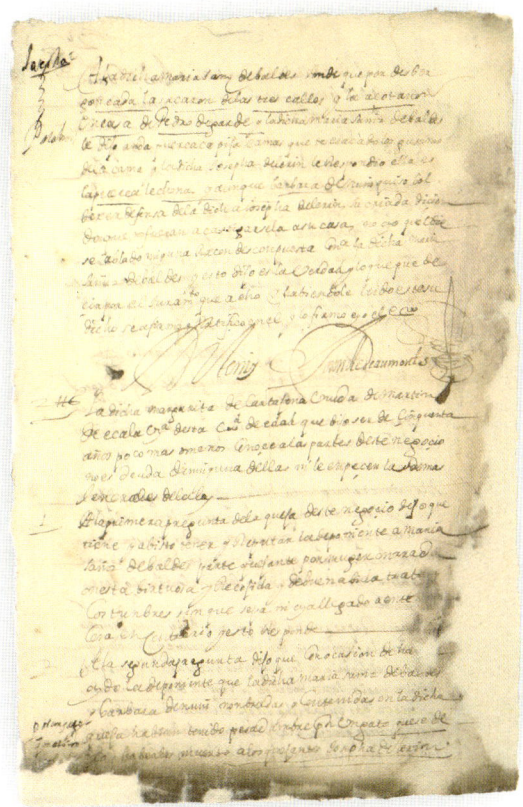

DOC. 3.20

Una vecina fue testigo de cómo reñían María Sanz Valdés y Josefa de Lerin en 1671, en Estella, y oyó que Lerin decía a Sanz: **«Ande, que por desvergonzada la sacaron de las tres calles y la azotaron en casa de Pedro de Garde»**. Según otra deponente, María Sanz y Bárbara Nuin habían reñido por un gato, e intervino Josefa de Lerin, que dijo que Sanz **«era una desvergonzada, sucia»**, y también oyó cómo Nuin le decía a Sanz: **«Más limpia tengo yo mi caballeriza que ella su casa. Y a mí no me han sacado de las tres calles ni me han azotado en casa de Pedro de Garde por desvergonzada»**.

Estella, 18 de diciembre de 1671
AGN, Consejo Real, Proceso n. 076816, fol. 2v

EL COMPORTAMIENTO SEXUAL DE LAS MUJERES

«alcabueta, puta, bellaca, floja y mala mujer»

DOC. 3.21

En Puente la Reina, en 1579, el padre de Mari Juan de Irisarri, esposa de Miguel de Lesaca, presentó queja criminal contra Graciana de Sorauren, porque esta había tratado a Mari Juan de **«alcabueta, puta, bellaca, floja y mala mujer»**. Una vecina confirmó que Graciana le dijo a Mari Juan: **«Puta, bellaca, alcahueta, mala mujer, borracha, vaciadora de cubas, que flojamente has dado tu cuerpo»**. Sin embargo, por un testimonio se revela que Mari Juan creía que su marido, Miguel de Lesaca, mantenía una relación adúltera con una hermana de Graciana, y que esta lo sabía. Y un día, en la casa de Graciana Mari Juan le dijo: **«Por eso dicen gentes que tu hermana y cuñada por encubridores fueron azotados en la ciudad de Pamplona, y que era una alcabueta»**. De hecho, Graciana acusó a Mari Juan de tratarla de **«alcabueta de su marido, mala mujer y mujer que con su marido Miguel de Lesaca tractaba y procuraba que la maltratase y matase»**. También la había llamado **«alcabueta, puta y mala mujer»**. Un testigo oyó cómo Mari Juan, en la puerta de la casa de Graciana, decía: **«Pues vuestro hermano y cuñada fueron alcabuetes y por ello los azotaron en Pamplona y no sería menos lo fuésedes vos de mi marido»**. Otra testigo afirmó que, cuando Mari Juan salía de casa de Graciana, esta le decía: **«Dios te remedie, pues puede, que necesidad tienes, porque estás con los demonios»**. Y Mari Juan respondió: **«Pues a tu hermano y cuñada les dieron a cient azotes en Pamplona por alcahuetes, no es de maravillar que tú seas alcabueta»**.

Pamplona, 4 de septiembre de 1579
AGN, Corte Mayor, Proceso n. 212246, fol. 2r

104

EL HOMBRE Y SU IMAGEN PÚBLICA

«villano, ladrón probado, renegado, descreído de Dios»

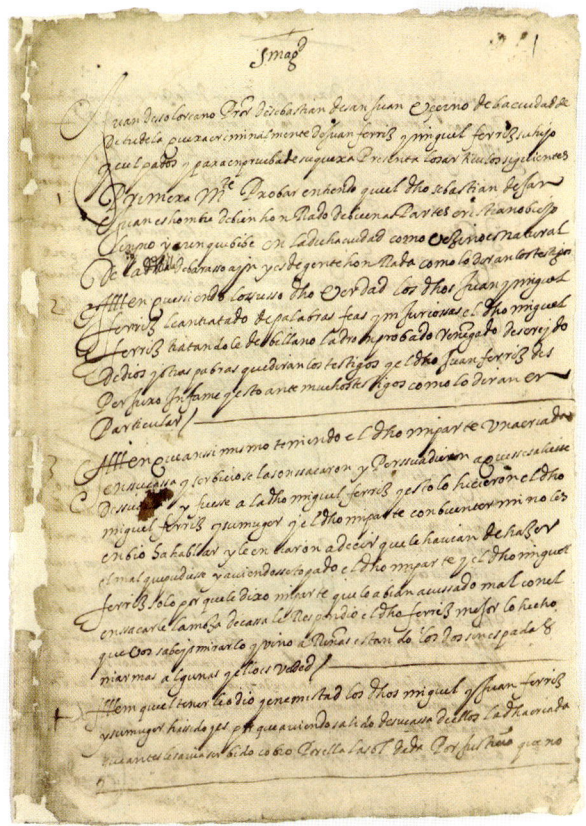

DOC. 3.22

El procurador de Sebastián de San Juan, vecino de Tudela, presentó en 1603 varios artículos para que los respondieran los testigos. En la primera pregunta quiso demostrar que su defendido, Sebastián, era un hombre honrado, cristiano viejo y limpio. Con la segunda cuestión, quiso probar que los hermanos Juan y Miguel Férriz habian dicho contra San Juan muchas palabras injuriosas y lo trataron de **«villano, ladrón probado, renegado, descreído de Dios»**.

Pamplona, 18 de noviembre de 1603
AGN, Corte Mayor, Proceso n. 149393, fol. 1r

EL HOMBRE Y SU IMAGEN PÚBLICA

«bellaco, borracho, puerco, sucio»

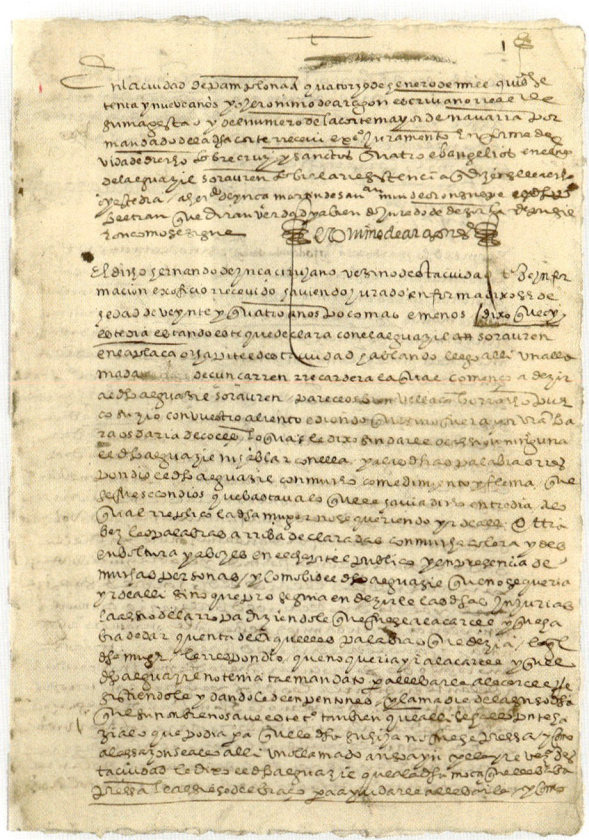

DOC. 3.23

El alguacil Sorauren demandó en 1579 a María de Burguete y a su hija María Martín de Burguete o Zunzarren, vecinas de Pamplona, porque, después de que María Martín le injuriara, quiso llevarla a la cárcel, y ella le trató de **«bellaco, borracho»**. Según un testigo, María Martín le dijo al alguacil: **«¿Paréceos bien?, bellaco, borracho, puerco, sucio, con vuestro aliento hediondo, que,** **si no fuera por vuestra vara, os daría de coces»**. Sorauren le respondió que se fuese con Dios, pero ella no se quiso ir y repitió las palabras. Entonces el alguacil la asió y quiso llevarla a la cárcel. Ella se resistió y entonces la madre hizo lo posible para evitar que su hija fuese llevada presa.

Pamplona, 14 de enero de 1579
AGN, Consejo Real, Proceso n. 069679, fol. 1r

EL HOMBRE Y SU IMAGEN PÚBLICA

«bellaco, villano, hijo de un traidor, ladrón»

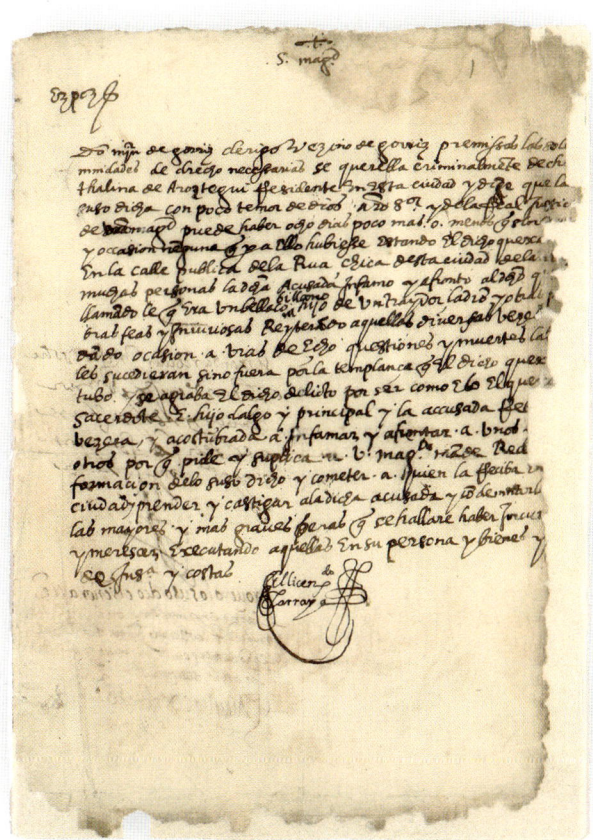

DOC. 3.24

En 1590, en Pamplona, el clérigo Martín de Górriz presentó queja criminal contra la viuda Catalina de Aróztegui, pues, **«con poco temor de Dios nuestro señor y de la real justicia de V.M.»**, dijo delante de muchas personas y en la calle pública, que era un **«bellaco, villano, hijo de un traidor, ladrón»**. Los testigos confirmaron que lo había tratado de **«bellaco, traidor»**. En otra ocasión le dijo: **«Bellaco, rufián. Mejor serás para tirar y remar a una galera que para subir a un púlpito y predicar»** y añadió que era **«un villano, hijo de un traidor, ladrón», «un billaco, villano, hijo de un traidor»**.

Pamplona, 22 de agosto de 1590
AGN, Corte Mayor, Proceso n. 282962, fol. 1r

LA INJURIA EN LOS DESÓRDENES PÚBLICOS. ¿EL INSULTO POLÍTICO?

«beamontés»

DOC. 3.25

En 1535, en Lesaca, fue atacado por varios vecinos el escribano Juan de Santesteban. Este había ido a la villa por encargo de Felipe de Beamonte, señor de Agorreta, para que arrendase en su hombre una herrería de la que era dueño. Cuando el escribano se reunió con el colector del condestable de Lerín, al que Felipe debía una cantidad, se reunieron alrededor de la casa entre cincuenta y setenta personas gritando **«¡Viva Lesaca!»** y comenzaron a insultar al escribano al grito de **«muera, muera, el traidor beamontés»** y **«matémosle y hagámoslo cuartos y pedazos»**. Además, lo persiguieron por las calles y le decían improperios tales como: **«Pese a tal, porque se nos ha ido el traidor beamontés, que lo debíamos hacer cuartos y matar, porque tuvo el atrevimiento de venir a hacer actos a Lesaca»**.

Pamplona, 4 de marzo de 1535
AGN, Consejo Real, Proceso n. 008777, fol. 6v

¡Viva el común y muera el mal gobierno!

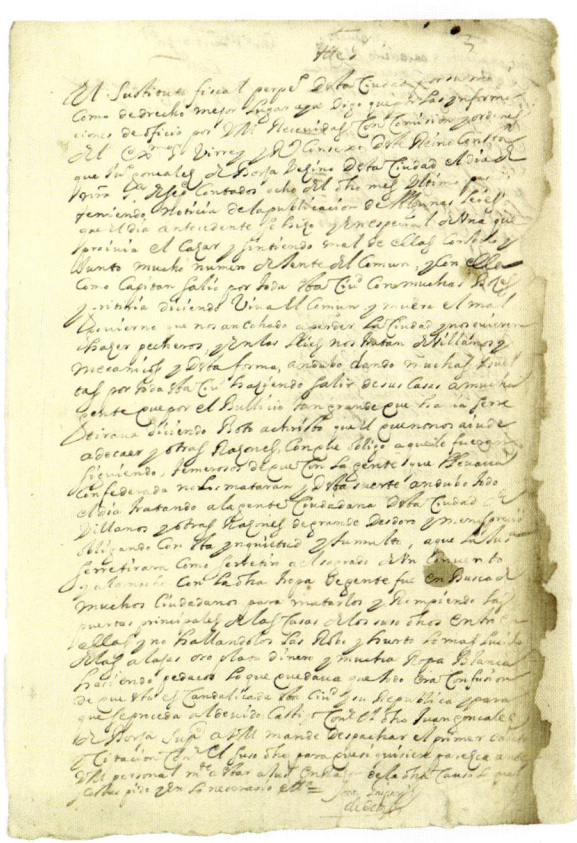

DOC. 3.26

En septiembre de 1654 se publicó en Tudela una ley del Consejo Real que prohibía cazar a todos aquellos que no fueran hidalgos. Esto provocó un tumulto, de forma que **«mucho número de gente del común»** salió a la calle, encabezado por un tal Juan González de Borja, carretero, que arengaba a los suyos al grito de **«¡Viva el común y muera el mal gobierno! Que nos han echado a perder la ciudad y nos quieren hacer pecheros, y en las leyes nos tratan de villanos y mecánicos»**.

Tudela, 20 de noviembre de 1654
AGN, Consejo Real, Proceso n. 103418, fol. 3r

Humillar por la apariencia

La ridiculización por el aspecto físico, por una discapacidad o por la falta de cordura es una de las manifestaciones más descarnadas del insulto, pues, como rasgos ajenos a la responsabilidad del injuriado, no deberían ser generadores de desdén. Sin embargo, en aquel tiempo, y también ahora, las referencias a estas realidades se empleaban para contribuir al retrato de quien no era merecedor de la estima social por no responder al modelo establecido (*cojo, enano, feo, garroso, gordo, leproso, menguado, mentecato, nariz tuerta, patituerto, tiñoso* o *tonto*). En esta misma línea, era recurrente la alusión a la falta de aseo (*sucio, puerco, merdoso, lechón, cochino*), trasladada a menudo de lo físico a lo moral.

Cabezas grotescas
(c. 1490)
Leonardo da Vinci
Biblioteca Real castillo de Windsor
(Reino Unido)

Los lisiados (detalle)
(c. 1568) Peter Bruegel el Viejo
Museo del Louvre. París (Francia)

DEFECTOS FÍSICOS O ENFERMEDADES

«tiñoso»

DOC. 3.27

En 1540, en Obanos, Juan de Ciordia y Catalina de Tafalla estaban echando piedras en la viña de Juan Francés de Ollo y Ollo le dijo que **«no curasen de me echar a mi viña las piedras de su viña».**

Entonces Juan y su mujer le contestaron **«que aunque me pesase de la barba que l[a]s echarían y que era un tinoso, bellaco, ruin, que estase en noramala».**

Pamplona, 12 de octubre de 1540
AGN, Corte Mayor, Proceso n. 209906, fol. 13r

DEFECTOS FÍSICOS O ENFERMEDADES

«cojos y tuertos»

114

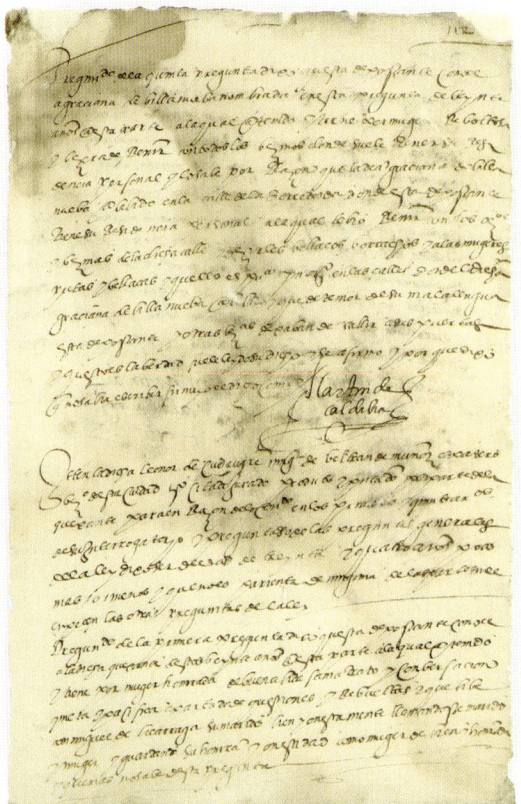

DOC. 3.28

Varios testigos, vecinos de Pamplona, confirmaron en 1560 que Graciana de Villanueva era **«mujer soberbia, revoltosa y vecera de reñir con todos sus vecinos sin propósito alguno y muy**

deslenguada, acostumbrada a infamar a personas de honra». Así, solía tratar a los hombres de **«bellacos, traidores, cojos y tuertos»** y a las mujeres de **«putas, bellacas»**.

Pamplona, 14 de mayo de 1560
AGN, Consejo Real, Proceso n. 086773, fol. 12v

«buboso»

DOC. 3.29

En Pamplona, en 1571, Juan de Agorreta, su hija y Juanes de Armendáriz fueron acusados de injuriar a Martín de Sara, a su mujer, Maria de Guenduláin, y a su hija Isabel de Sara.
Sin embargo, alegaron en su defensa que ellos fueron los injuriados y que, por ejemplo, Maria de Guenduláin y su hija le dijeron a Armendáriz que era un **«buboso y bellaco»**. Y, según un testigo, Martín de Sara llamó a Armendáriz **«bellaco, vagamundo, buoso»**.

Pamplona, 29 de mayo de 1571
AGN, Corte Mayor, Proceso n. 146403, fol. 4v

Villano y villanas vizcainas (detalle)
Braun, Georg y Hogenberg, Franz,
Civitates Orbis terrarum, Colonia,
Agrippinea, 1572- 1617, III, parte V

«vagamundo»

DOC. 3.30

Salvador de Olasarri fue acusado de injuriar al licenciado Bayo, abogado del tribunal de la Corte mayor, a Miguel de Ugarra y Antonia de Torres, mujer del abogado Pedro Jiménez de Cascante.

Pamplona, 13 de julio de 1546
AGN, Corte Mayor, Proceso n. 280413, fol. 11r

Pero Olasarri alegó que Antonia lo había tratado **«de haber seído y ser bellaco, traidor, vagamundo»**, en Pamplona, en 1545.

LA HUMILLACIÓN ECONÓMICA

«guitón, piojoso»

DOC. 3.31

En 1578, en Corella, Juan Calvo y Gonzalo Vicente se profesaban gran enemistad y tenían pendientes varios pleitos. Según Calvo, Gonzalo había dicho **«que le ha de hacer todo el mal y daño y que es un bellaco, guitón** [pordiosero]**, piojoso».**

Corella, 15 de septiembre de 1578
AGN, Corte Mayor, Proceso n. 184500, fol. 9r

«decendiente de villanos pecheros»

DOC. 3.32

Martín de Egüés, vecino de Salinas de Pamplona, presentó queja en 1592 contra Martín Guillén de Recalde porque, durante la reunión del concejo, Recalde lo llamó **«villano, sacre** [ladrón] **y decendiente de villanos pecheros»**, cuando Egüés, como su padre, era **«hombre libre sin que jamás haya pagado ni deba pecha alguna de su origen y dependencia,** [y] **ha seído y es hombre libre»**.

Pamplona, 21 de agosto de 1592
AGN, Corte Mayor, Proceso n. 148508, fol. 12r

El Supremo confirma casi dos años de prisión a un hombre por insultar de forma "constante" a su pareja

La AN admite la denuncia contra el exjuez Presencia por injurias y calumnias y acuerda el cierre cautelar de su web

El Supremo concluye que nada justifica que un marido pueda mantener relaciones no consentidas con su esposa

FUNDACIÓN
THE FAMILY WATCH

Insultos de hijos a padres: «De permitir el «tío, no me taladres» se pasa al «payaso» y se acaba en «ojalá te mueras»»

"Los insultos entre políticos alimentan una lamentable farsa parlamentaria"

Hemiciclo

LAS PROVINCIAS

Investigan los insultos a Cristiano durante el Barcelona-Levante

La Comisión Antiviolencia pedirá al Barcelona y a los responsables de seguridad las actas del partido de Liga frente al Levante, para identificar a los autores de los cánticos contra Cristiano Ronaldo y proceder a las propuestas de sanción pertinentes. La Liga de Fútbol Profesional denunció el 17 ante el Comité de la Competición Profesional los cánticos contra el portugués, a quien algunos aficionados pertenecientes al grupo 'Almogàvers' gritaron «¡Es un borracho, Cristiano es un borracho!».

LA RAZÓN

El Congreso, sin criterio para frenar la escalada de insultos

Batet apela a la ejemplaridad de los diputados, pero el ambiente hostil hace poco efectivos sus llamamientos

Más Fútbol

Insulto

"Mono

Sucedió entre los

Agr

Insultos
tiene d
del 86%
fix en

Encue
años a
albanz

Prin

Las re
física o
cuestio
Sin emb
la orien

Motiv

Datos en
Por su esp
por ser dife
por su asp
Porque me
Por ser ma
Por su dec
Por tener d
Porque tie
porque tu
Porque tie
Por ser m
Porque tie
Porque tien
Por su orie
Por tener m
No sé

/ AGRESIÓN HOMÓFOBA EN SEVILLA

quí no entra un puto
aricón": agresión homófoba
una caseta de la Feria de
ril

en que intentaba entrar en una caseta denuncia que un portero le
ó un puñetazo en la cara. Según el parte hospitalario, tiene un
oma en el pómulo izquierdo y policontusiones.

MARCA

as en el fútbol base:
rda, negro, fuera"

uelo de Alarcón y Villanueva de la Cañada

Ne⚡tral

frecuentes: insultar y poner motes

s son los principales tipos de agresión que se encuentran en las aulas (un 89,5%
dos de la difusión de rumores y empujones o collejas. Los golpes y patadas pasan
dio actual. Destacan especialmente el crecimiento de las amenazas, que pasa del
0-21 y el aislamiento social, del 28% al 44%.

a en un 22%, mientras que en 2018 y 2019, apenas llegaba al 0,2%. Asimismo, en los
ados, no hay datos sobre hacer fotos y videos, mientras que en 2020 y 2021,

Publicidad

ivos de las agresiones

ias que se desencadenan estas conductas de acoso escolar son el **aspecto**
) y "ser diferente" o las cosas que hace o dice (un 53,6%) la persona en
dos.
ta se encuentra el hecho de tener mucho o poco dinero, con un 14%, seguido de
roblemas psicológicos, con un 15% y 18%, respectivamente.

nicia el acoso escolar

INJURIAR EN EL PASADO, INSULTAR HOY

«Insultada por una alumna de 15 años»; «denuncian insultos racistas»; denunciado «por colgar en Facebook un videoclip con contenido antisemita». En nuestros días el insulto está presente en el lenguaje de las redes sociales, de los medios de comunicación o de las conversaciones diarias y tiene repercusiones en la vida de los individuos. Por esta razón, como hemos tenido ocasión de comprobar, carece de sentido la afirmación de que las sociedades del pasado, frente a las actuales, eran más «sensibles a la reputación personal». El insulto, como tal, es ubicuo y atemporal, pero en sus diferentes formas también manifiesta las actitudes y los comportamientos en una misma sociedad que, a veces, con el paso del tiempo o dejan de tener significado o siguen vigentes. Es decir, no ha cambiado tanto la sensibilidad como la «sensibilidad hacia» y por eso el insulto puede verse como una «metáfora social» de las diferentes formas de pensar y sentir de la ciudadanía desde una perspectiva histórica.

GLOSARIO

Este glosario recoge 697 insultos (y 341 subentradas o variantes) y es el resultado de la consulta de 1433 procesos de injurias de los siglos XVI y XVII, que forman parte de los fondos de Tribunales Reales del Archivo Real y General de Navarra.

Esta relación se publicó como «Índice de voces» en el Diccionario de injurias de los siglos XVI y XVII (Kassel, Reichengerber, 2019, pp. 551-557) de Cristina Tabernero y Jesús M. Usunáriz.

A

abatido, da
    casta de abatidos
    hija de un abatido
    mujer de un abatido
    raza de abatidos

aborrecido, da

abrasado, da

acabado, da

aceitero

acivilado, da

acobardado, da

acuchillado, da

adaburu

adivino, na

adobacueros

adrezada

adulterino, na

adúltero, ra

afeitada

afrontado, da

agote, ta
    casta de agotes
    hijo de un agote

ahogador, ra

ahorcado, da
    generación de ahorcados
    hijo de un ahorcado
    raza de ahorcados

alarbealbanesa

alborotado, da

alcabuetón, na

alcahuete, ta

alevoso, sa

amancebado, da

amenguado, da

amigo, ga
    amiga de clérigo
    amiga de fraile
    amigo de saca de vino

amigada de clérigos

amulado, da

andur
    animal
    antecuco
    apasionado, da

apez
    apez alaba

    apez goitia
    anteapezegiibildua

apicarado, da

apocado, da

aporrado, da

aporreador, ra

aron

arrastrado, da

arriero
    hijo de un arriero

axari

asesino, na

asno

asqueroso, sa

asto-txar

astroso, sa

atestado, da
    atestado de vino

atorrellado, da

atreguado, da

atrevido, da

avilado, da

azacán, na

azacanazo, za

azafranador

azotado, da

B

baba

babonazo, za

baboso, sa

bachiller, ra

bachillerejo, ja

badajón con panza malsonada

badullo

badullón, na

bagasa

bajo, ja

    gente baja

    hijo de gente baja

baladrón, na

baldado, da

bancalero

bandolero, ra

barbadecabra

bárbaro, ra

barriga

    mujer de gran barriga

    [tener] barriga de yegua

    [tener] rugada barriga

    [tener] sucia barriga

barrigudo, da

bastardajo, ja

bastardo, da

beamontés, sa

bebedor, ra

belitre

bellaco, ca

    hijodebellaco

bellacaz, za

bellaquillo, lla

bellacón, na

beodo, da

berdolada

berdules

bergante

bestia

    casta de bestias

    mala bestia

bizar-handi

bizar-motz

bizco, ca

bobo, ba

boca

    boca abierta

    boca de alán

    boca de buey

    boca de esportizos

    boca grande

bocudo, da

bodega

bodegón

bodegonero, ra

bonicachandra

boquituerto, ta

borde

    hijo de un borde

bordonero, ra

borracho, cha

    casta de borrachos

    hijo de madre borracha

borrachaz, za

borrachillo, lla

borrachón, na

borrachuelo, la

borrero

bota

    bota de vino

botejarro, rra

botejero, ra

botero

bracero

bragetahandi

bragueta

    bragueta de golpe

    bragueta de todo el mundo

bribón, na

brujo, ja

    cara de brujo

    casta de brujas

    casta y linaje de brujas

    gesto de bruja

    hijo de bruja

    linaje de brujas

    pariente de brujas

    talle de bruja

bruto, ta

buboso, sa

buchín

buenviroteparacepa

buena pieza

bujarrón, na

    casta de bujarrones

burdelero, ra

C

cabalgada

caballacabrilla

cabrón

cachondo, da

caduco, ca

cagado, da

cagombra

cagoncillo, lla

cagón, na

cajudo, da

caliente
    estar caliente

campix

canalla

cantonera

cantoneraza

cañóncapón

cara
    de gran bellaco
    de brujo
    de judía
    de lobo
    demora
    de panaderota
    de perro
    de un rufián
    de traidor

carretero, ra

carrica

carrillos de olla

carrilludo, da

casta
    de agotes
    de bestias
    de borrachos
    de brujas
    de bujarrones
    de cochinos
    de cristianos nuevos
    de desdecidos
    de encorozados
    de endiablados
    de hambrientos
    de judío
    de locos
    de luteranos
    de Mahoma
    de matahombres
    de mesillos
    de moriscos

124

de moros
de perros
de pregoneros
de puercos
de putas
de sambenitados
de traidores

cauteloso, sa

cedebón

cedebonero, ra

cejudo, da

celestina

celoso, sa

cencerrazo, za

cencerrón, na

cercenador, ra de moneda

cesto

chiflo, fla

chilindroso, sa

chismindero, ra

chistón, na

chistrón, na
    hijo de un chistrón

chitrón, na

chocarrero, ra

chupado, da

ciclán ciego, ga
    hijo de un ciego

civil

cizañador, ra

cobardazo, za

cobarde

coceador, ra

cochamandero, ra

cochambrero, ra

cocharrón

cochinazo, za

cochino, na

casta de cochinos

cocido, da
    cocido en vino

cocorombillo, lla

cogombra

cohechador de pobres

cojo, ja
    mal cojo

compuesta

condenado, da

confeso, sa

coquín, na

cornudacho, cha

cornudazo, za

cornudo, da

corrido, da

cortador

corto, ta

criba de pasar paja

cristiano, na

nuevo, va
    casta de cristianos nuevos

cristón, na

crucificador de Nuestro Señor
Jesucristo

cubertera

cuberteraza

cubridor, ra

cuellituerto, ta

cuerno
    cabeza de cuerno

cuero, ra
    cuero de vino

cuervo, va
    hijo de un cuervo

cuitado, da

culebra

curtido, da

D

demonio
    hijo de demonio

desalmado, da

desbarbado, da

desbocadazo, za

desbocado, da

descarado, da

descendiente
    de empicotados
    de gascones
    de luteranos
    de mala canalla
    de mala raza
    de pecheros
    de villanos pecheros

descomedido, da

descompuesto, ta

descomulgado, da

desconocido, da

descortés

descreído, da
    descreído de Dios

desdecido, da
    casta de desdecidos
    raza de desdecidos

desdicho, cha

desecho, cha

deseguida

deshonra

deshonrador, ra

deshonradero, ra

deslenguado, da

desmentido, da

desollado, da

desolladón, na

desolladuelo, la

despampanado, da

desperjuro, ra

desterrado, da

desventurado, da

desvergonzado, da

desvergonzadillo, lla

devorador, ra
    devorador de hacienda
    devorador de bienes

diablo, bla
    hijo de todos los diablos
    raza de diablos

disfamado, da

disoluto, ta

doilor

dulero

E

egeki

eltzetto

embelecador, ra

embriago, ga

embriagón, na

embustero, ra

empicotado, da
    decendiente de empicotados
    hijo de un empicotado

enano, na
    gestodeenano

encendido, da

encigüelo, la

encorozado, da
    biznieto de un encorozado
    casta de encorozados
    nieto de un encorozado

encubridor, ra

endemoniado, da

endiablado, da
    casta de endiablados

enemigo, ga
    enemigo de Dios
    enemigo de Navarra

enfadoso, sa

engañador, ra

engañamundo

enredador, ra

ensambenitado, da

envidioso, sa

envillanado, da

ergelburu

erroi

erroyaso, sa

escaldada

escalentado, da

escorrido, da

escurrebraguetas

espaldudo, da

espantacueros

esperjuro, ra

espía

espiritado, da

espurio, ria
    hijo de un espurio

estopa de Barués

excomulgado, da
    hijo de un excomulgado

ezagutu

F

fajero

falda

125

faldas de rujio
faldas sucias
falsario, ria
falsificado, da
falso, sa
falsotestimoniero, falsatestimo-
niera
fanfarrón, na
fariseo, a
fementido, da
feo, a
fino, na
flojo, ja
   coño flojo

126

flojazo, za
fornicado, da
   fornicada por cien mil hombres
   cien mil hombres fornicada
forzador de mujeres
forzudo, da
francés
franchón, na
fregona
fututo, ta

G

gabacho, cha
gabasa
gachapo
gaizto
galarón
galeote
galgo crisolero, galga crisolera
gallina
gallinero, ra
ganapán

garroso, sa
garzón
gascón
   descendiente de gascones
gente
   gentebaja
   hijo de gente baja
   gente común
   gente sin honra
gesto
   de bruja
   de judío
   de (e)nano
   de golosa
   de mona
   de ruin gesto (y fisonomía)
   de traidor
   de ximio
   [ser] de mal gesto
   no tener gesto de hombre
gitano, na
glotón, na
golmajo, ja
goloso, sa
gordo, da
gotoso, sa
gruesa de ambos costados
guillote
guirguilleta
guito, ta
guitón, na

H

hablador, ra
hacedor, ra
   hacedor de chaparros
   hacedora de hijos con paños
   hacedor de malas compras

hambriento, ta
   casta de hambrientos
harto, ta de ajos
hechicero, ra
hediondo, da
hereje
   hijo de un hereje
hermano, na
   de un mal hermano
   de un malo
   de una gran puta
hi de puta
hijo, ja
   de un agote
   de un ahorcado
   de un andaluz
   de un arriero
   de un bellaco
   de un borde
   de bruja
   de un chistrón
   de un ciego
   de un clérigo
   de un cuervo
   de un empicotado
   de un espurio
   de demonio
   de todos los diablos
   de un excomulgado
   de un falso hombre
   de un fraile
   de gente baja
   de un hereje
   de un hurtacarneros
   de una judía
   de labrador
   de un ladrón
   de lechón
   de un legañoso
   de una loca
   de mal padre
   de mala madre

de madre borracha
de marranillo
de algún nuncio
de padres sin honra
de dos padres
de mal padre
de un pelaire
de pastor
de perro
de (una) puta
de porcarizo
de porcazos
de raposo
de robador
de romeros
de un rufián
de ruin
de traidor
de un trajinero
del vicario
de ventero
de vil canalla
de un villano
hinchador, ra de vacas
hocicos de cepa de Barués
hocicón, na
(de) hombros grandes
homicida
hordi
hormiga
hurtador, ra

I

idiota
impertinente
infame, ma
irregular
itxuragaitz

J

jarrero, ra
jarro
jarrón, na
jayán
jinetaria
joya
    buena joya
    mala joya
Judas
judiazo, za
judigüelo, la
judío, a
    cara de judío
    casta de judíos
    descendiente de judíos
    gesto de judío
    hijo de judío
    morros de judío
    raza de judío
judukume
jugador, ra

K

kaikutto
kastatxar
keso
kino
kukudo

L

labrador, ra
    hijo de labrador
ladrón, na o ladronesa
    capa de ladrones
    hijo de un ladrón

    ladrón de la casta de
ladronazo, za
ladronsico, ca
ladroncillo, lla
lago
lambiquero, ra
lamia
laminero, ra
lamiti
lamparoso, sa
lander
lavado, da
lebrasca
lebrón, na
lebronazo, za
lechón, na
    hijo de lechón
legañoso, sa
    hijo de un legañoso
lekaio
lenón
leproso, sa
libertado, da
likits
lima
limpiado, da
linaje
    linaje de brujas
    de mal linaje
lobazo, za
loco, ca
    casta de locos
    hijo de un loco
    raza de locos
logrero, ra
lucida
lujurioso, sa
luterano, na
    casta de luteranos

127

descendiente de luteranos
hijo de luteranos
de tierra de luteranos

M

macarrón
macho
macot
maduro, ra
mairu
majadero, ra
malaventurado, da
malcallado, da
malcarado, da
malcasado, da
malcriado, da
maldiciente, ta
maldito, ta
malhablado, da
malhecho, cha
malhechor, ra
malicioso, sa
malmirado, da
malnacido, da
mal(o), la
    hermano de un malo
malillo, lla
Malotrico
malsín
malvenido, da
mamado, da
mamantón, na
manceba de clérigo
mancurro, rra
mandilón, na
manifestado, da

marcado, da
Mari
    Mari ardantze
    Mari borraz
    Mari Miguel
    Mari paxaran
marica
mariquita
markatu
marquesa
marranillo, lla
    hijo de marranillo
marrano, na
Martinchiqui
matachín, na
matachinaz(o), za
matador, ra
matahombres
    casta de matahombres
matelón, na
maustín, na
mecánico, ca
menguado, da
mentecato, ta
mentiroso, sa
meón, na
merdosillo, lla
merdoso, sa
mesillo, lla
    casta de mesillos
mesonero, ra
mestizo, za
metalado, da
(de) mierda
mocoso, sa
modorro, rra
moflón, na
mohatrero, ra

mondonguero, ra
mono, na
moquitón, na
morazo, za
morcillonaz, za
mordido, da
moriscado, da
morisco, ca
    casta de moriscos
moro, ra
    cara de moro casta de moros
morrona
morros de judío, a
morrudo, da
moscorro, rra
mostín, na
muidor, ra
muidoraz, za
mujer
    mujer de un abatido
    mujer antigua
    mujer de coño flojo
    mujer de dos maridos
    mujer de gran barriga
    mujer de mala vida
    mujer de mal marido y
     traidor
    mujer de no nada
    mujer dotada por más de diez
    hombres
    mujer mala~mala mujer
    mujer mundana
    mujer parida de cuatro veces
    mujer de un pregonero
    mujer pública
    mujer de ruin marido
    mujer sobrada de clérigos
    mujer de un traidor
    mujer de un verdugo
mujeriego, ga

mula

mulatero
    hijo de un mulatero

mulato, ta

mulazo, za

mulinazo, za

mundano, na
    mujer mundana

mundanón, na

N

nano, na

nariz
    nariz petachado
    nariz de podenco
    nariz podrido
    nariz tuerta

necio, cia

negro, gra

nonada
    mujercica de nonada

O

ocasionado, da

odrina

ojo
    ojos de borracho
    ojo de vino

orgulloso, sa

ovejaovejilla

oar

P

palaciana

panaderote, ta

cara de panaderota

pantierno

papagayo
    estar como papagayo en jaula
    hablar como papagayo en jaula
    hablar como papagayo

paridaza

parlero, ra

pasado, da

patituerto, ta

pechero, ra
    decendiente de pecheros
    decendiente de villanos pecheros

peirón, na

pelado, da

pelaire

pellejero, ra

pellejo

pendejo

perdedor, ra

perdidillo, lla

perdido, da
    alma perdida
    ánima perdida
    mujer perdida

perjurador, ra

perjuro, ra

perraz(o), za

perro, rra
    cara de perro
    casta de perros
    hijo de perro

perseguidor, ra

pícaro, ra

picarota

picarón, na

picudo, da

piernas de pobre

pijacamas o pisiacamas

pijón, na

Pilatos

piojoso, sa

pitarrero, ra

pleitista de poca vergüenza

podrido, da
    aliento podrido
    nariz podrido
    (Mari) pacharán podrido
    podrido de vino

pollera

poltrón, na

porcarizo, za
    hijo de porcarizos

porcarizón, na

porcarizonazo, za

porcazo, za
    hijo de porcazos

pordiosero, ra

porquichuelo, la

porquerizo, za

porquerizonazo, za

porquero, ra

portugués

potroso, sa

pregonado, da

pregonero
    casta de pregoneros
    mujer de pregonero

probado, da

probatu

público, ca
    mujer pública

pudiente, ta

puerco, ca
    casta de puercos
    raza de puercos

puercaz, za

purdiazo, za

purdion

puta

    casta de putas

    hermano de una gran puta

    hijo de una puta

    raza de putas

putilla

putica

putaza

putaja

putanaza

putona

putonaza

puto

130

Q

quebrantador, ra

quemado, da

quinquillero, ra

R

rabioso, sa

rancador de mojones

rapaz

raposo, sa

    hijo de un raposo

rascamulas

raza

    raza de ahorcados

    descendiente de mala raza

    raza de desdecidos u abatidos

    raza de diablos

    raza de judíos

    raza de locos

    de mala natura y raza

    de mala raza

    raza de puercos

raza de putas

rebanado, da

rebelado, da

rebelde

regular

remalado, da

remendón

renegado, da

    hijo de fraile renegado

reputa

requemada por entrepiernas

resuelto, ta

retraidorado, da

revendedor, ra

revoltoso, sa

revolvedor, ra

rinconera

robaciadero, ra de cubas

robador, ra

    hijo de robador

romerano, na

romero, ra

    hijo de romeros

romo, ma

roya

royaza

rufián

    cara de rufián

    hijo de un rufián

ruin

ruinacho, cha

ruincillo, lla

S

sabandija

sacre

sacristanesa

salteador (decaminos)

salvaje

sambenito, ta

sambenitado, da

    casta de sambenitados

sanguinolento, ta

sardinero, ra

    hijo de sardinero

saski de vino

seco, ca

señor, ra

    señora de puercos

    señora del virgo

ser peor que Herodes

serenada

sierpa

simple sin honra

    gente sin honra

    hijo de padres sin honra

    hombres sin honra

sin juicio

sinogado, da

soberbio, bia

sobrade(los)clérigos

sobrada (de clérigos)

sobrino, na

    sobrina de Adameçau

    sobrino de una puta

    sobrino de un traidor

sonsacadero, ra

soplón, na

sorgin

sucigüelo, la

sucio, cia

suciazo, za

T

tacaño, ña

tahúr

talle
    mal talle
    sin talle de hombre
    talle de bruja
    talle de perro

tamborrico

tamborinico

tapa de cuba

tasta ollas

tefo, fa

tefaz, za

testimoniero, ra

tiñoso, sa

tirol

tocino

tonto, ta

torno de mala

torpe

traicionero, ra

traidor, ra
    cara de traidor
    casta de traidores
    gesto de traidor
    hijo de traidor
    mujer de un traidor
    sobrino de un traidor

traidore

trajina
    trajina poldras

trajinero, ra
    hijo de un trajinero

tramoyero, ra

trampeador, ra

tramposo, sa

tranca
    tranca del infierno

trapacero, ra

traseñalador, ra

treguado, da

triste

tronquillo, lla

tuerto, ta
    nariz tuerta
    vara tuerta

U

ufa

usurero, ra

usurpador, ra

V

vaciador, ra de cubas

vagamundo, da

vanaglorioso, sa

vano, na

vaquerizo, za

vecero, ra de logrear

vencido, da

vendedor, ra
    de Dios
    de hombres
    del rey
    de sardinas
    de su sangre

venedizo, za

ventanera

ventero, ra
    hijo de ventero

verde
    color verde
    rabos verdes

verdugo
    amiga del verdugo
    mujer de un verdugo

viejo, ja

vil

villanazo, za

villano, na
    decendiente de villanos pecheros
    hijo de un villano

villanoso, sa

vinoso, sa

Y

yeguacero, ra

yeguarizo, za

Z

zafiaz, za

zafio, fia

zakil
    zakilandi
    zakilebaki
    zakilerre

zancarrón

zancarroso, sa

zar, zarra

zarabanda

zaratoso, sa

zikin

zorrapa

zurraposo, sa

zuku guti

BIBLIOGRAFÍA

Bouza Álvarez, Fernando, *Corre manuscrito. Una historia cultural del Siglo de Oro*, Madrid, Marcial Pons, 2001.

Castillo Gómez, Antonio, *Entre la pluma y la pared. Una historia social de la escritura en los Siglos de Oro*, Madrid, Akal, 2006.

Colin, Marisela, *El insulto. Estudio pragmático-textual y representación lexicográfica*, Barcelona, Universitat Pompeu Fabra, 2003.

Galloso, María Victoria, «Breve estudio sociolingüístico sobre el insulto», *Interlingüística*, 8, 1997, pp. 155-162.

García Bourrellier, Rocío y Jesús M. Usunáriz (eds.), *Aportaciones a la historia social del lenguaje: España siglos XIV-XVIII*, Madrid, Iberoamericana, 2005.

Garrioch, David, «Verbal insults in Eighteenth-Century Paris» en *The Social History of Language*, ed. Peter Burke y Roy Porter, Cambridge, Cambridge University Press, 1987, pp. 104-119.

Gómez Molina, José Ramón, «El insulto: una aproximación sociolingüística», en *Lengua, variación y contexto: estudios dedicados a Humberto López Morales*, coord. Francisco Moreno Fernández, José Antonio Samper Padilla, María Vaquero, María Luz Gutiérrez Araus, César Hernández Alonso y Francisco Gimeno Menéndez, vol. 2, Madrid, Arco-Libros, 2008, pp. 639-653.

Gowing, Laura, *Domestic Dangers. Women, Words, and Sex in Early Modern London*, Oxford, Clarendon Press, 1996.

Ingram, Martin, *Church Courts, Sex and Marriage in England*, 1570-1640, Cambridge, Cambridge University Press, 1988.

Iribarren, José M., *Vocabulario navarro, seguido de una colección de refranes, adagios, dichos y frases proverbiales*, Pamplona, Diario de Navarra, 1997 (3ª edición).

Irvine, William B., *Por qué duelen los insultos*, México, Océano, 2015.

Jurado Revaliente, Iván, «Las injurias cotidianas: identidades e individuos en el siglo XVI», *Bulletin of Spanish Studies*, XCII, 5, 2015, pp. 677-697.

Lecharny, Hugues, «L'injure à Paris au XVIIIe siècle: un aspect de la violence au quotidien», *Revue d'histoire moderne et contemporaine*, 36, 4, 1989, pp. 559-585.

Lipscomb, Suzannah, «Crossing Boundaries: Women's Gossip, Insults and Violence in Sixteenth-Century France», *French History*, 25, 4, 2011, pp. 408-426.

Lipsett-Rivera, Sonya, «De Obra y Palabra: Patterns of Insults in Mexico, 1750-1856», *The Americas*, 54, 4, 1998, pp. 511-539.

Luque, Juan de Dios, Antonio Pamies y Francisco Javier Manjón, *El arte del insulto. Estudio lexicográfico*, Barcelona, Península, 1997.

Luque, Juan de Dios, Antonio Pamies y Francisco Javier Manjón, *Diccionario del insulto*, Barcelona, Península, 2000.

Maciá Gómez, Ramón, *El delito de injuria*, Barcelona, Cedecs, 1997.

Madero, Marta, *Manos violentas, palabras vedadas. La injuria en Castilla y León (siglos XIII-XV)*, Madrid, Taurus, 1992.

Maiza Ozcoidi, Carlos, «Injuria, honor y comunidad en la sociedad navarra del siglo XVIII», *Príncipe de Viana*, 197, 1992, pp. 685-696.

Orduna Portús, Pablo, *Honor y cultura nobiliaria en la Navarra moderna (siglos XVI-XVIII)*, Pamplona, Eunsa, 2009.

Pablo Serrano, Alejandro de, *Los delitos contra el honor en el derecho penal español y en el derecho comparado*, Valladolid, Universidad de Valladolid, 2014.

Pérez-Salazar, Carmela, Cristina Tabernero y Jesús M. Usunáriz (eds.), *Los poderes de la palabra: el improperio y la cultura hispánica en el Siglo de Oro*, New York, Peter Lang, 2013.

Ruiz Astiz, Javier, «Prácticas y mecanismos de exclusión social: libelos y pasquines en Navarra (1550-1650)», *Cuadernos de Historia Moderna*, 35, 2010, pp. 119-140.

Ruiz Astiz, Javier, *La fuerza de la palabra escrita. Amenazas e injurias en la Navarra del Antiguo Régimen*, Pamplona, Eunsa, 2012.

Ruiz Astiz, Javier, «Cencerradas y matracas en Navarra durante el Antiguo Régimen: funciones y objetivos», *Hispania*, 73, 245, 2013, pp. 733-760.

Ruiz Astiz, Javier, *Violencia y conflictividad comunitaria en la Navarra de la Edad Moderna*, Pamplona, Gobierno de Navarra, 2015.

Ruiz Astiz, Javier, «"Pasquín escandalosísimo realmente". Difamación y opinión pública en Navarra (1801-1833)», *Clío & Crimen*, 13, 2016, pp. 233-268.

Ruiz Astiz, Javier, «"Trastornar el orden y tranquilidad": pasquines difamatorios en navarra a principios del siglo XIX», *Vasconia: Cuadernos de historia-geografía*, 40, 2016, pp. 27-58, pp. 233-268.

Sánchez Bella, Ismael et al., *El Fuero Reducido de Navarra (Edición crítica y Estudios)*, Pamplona, Gobierno de Navarra, 1989, 2 vols.

Saralegui, Carmen, «Campix: un occitanismo en la lengua jurídica de Navarra», *Príncipe de Viana*, 54, 1993, pp. 473-481.

Segura Urra, Félix, «Verba vituperosa: el papel de la injuria en la sociedad bajomedieval» en *Aportaciones a la historia social del lenguaje: España siglos XIV-XVIII*, ed. Rocío García Bourrellier y Jesús M. Usunáriz, Madrid, Iberoamericana, 2005, pp.149-195.

Sharpe, James A., *Defamation and Sexual Slander in Early Modern England: The Church Courts at York*, York, University of York, 1980.

Shoemaker, Robert B., «The Decline of Public Insult in London 1660-1800», *Past & Present*, 169, 2000, pp. 97-131.

Tabernero, Cristina, *La configuración del vocabulario en el romance navarro. Estudio sobre documentos reales de los siglos XIII y XIV*, Pamplona, EUNSA, 1996.

Tabernero, Cristina, «Injurias, maldiciones y juramentos en la lengua española del siglo XVII», *Revista de Lexicografía*, 16, 2010, pp. 101-122.

Tabernero, Cristina, «Estudio de algunas voces injuriosas del español clásico» en *Avances de lexicografía hispánica*, ed. Antoni Nomdedeu, Esther Forgas y María Bargalló, Tarragona, Publicaciones URV, 2012, pp. 495-508.

Tabernero, Cristina, «Léxico injurioso y tipos de discurso en el Siglo de Oro», en *Los poderes de la palabra: el improperio y la cultura hispánica en el Siglo de Oro*, ed. Carmela Pérez-Salazar, Cristina Tabernero y Jesús María Usunáriz, New York, Peter Lang, 2013, pp. 257-275.

Tabernero, Cristina, «Consideración lingüística y social de la injuria en el Tesoro de Covarrubias», *Estudios filológicos*, 52, 2013, pp. 143-161.

Tabernero, Cristina, «Palabras inconvenientes en el español del Siglo de Oro: los términos injuriosos desde la perspectiva lexicográfica", *Recherches. Culture et Histoire dans l'espace roman*, 14, 2015, pp. 105-127.

Tabernero, Cristina, «Anti-modelos sociales e insultos en la Navarra del Siglo de Oro: de bellacos a pícaros» en *Modelos de vida y cultura en la Navarra de la modernidad temprana*, ed. Ignacio Arellano, New York, Idea, 2016, pp. 251-280.

Tabernero, Cristina, «Veceras de mal decir e infamadas: el insulto femenino en la interacción comunicativa del Siglo de Oro», *Hipogrifo*, 6, 2, 2018, pp. 729-756.

Tabernero, Cristina, «Pragmática del insulto: de la prescripción al uso en la agresión verbal entre mujeres», *Hipogrifo*, 7, 1, 2019, pp. 397-420.

Tabernero, Cristina y Jesús M. Usunáriz, «Bruja, brujo, hechicera, hechicero, sorgin, como insultos en la Navarra de los siglos XVI y XVII», en *Modelos de vida y cultura en Navarra (siglos XVI y XVII). Antología de textos*, ed. Mariela Insúa, Pamplona, Servicio de Publicaciones de la Universidad de Navarra, 2016, pp. 381-429.

Tabernero, Cristina y Jesús M. Usunáriz, *Diccionario de injurias de los siglos XVI y XVII*, Kassel, Reichenberger, 2019.

Usunáriz, Jesús M., «Limpios de mala raza. Injurias contra los judeoconversos en la Navarra del siglo XVI», en *Los poderes de la palabra: el improperio en la cultura hispánica del Siglo de Oro*, ed. Carmela Pérez-Salazar, Cristina Tabernero y Jesús M. Usunáriz, New York, Peter Lang, 2013, pp. 277-297.

Usunáriz, Jesús M., «Los fundamentos de la nobleza y las ofensas, infamias e injurias contra el linaje en los siglos XVI y XVII», en *La cultura de la sangre en el Siglo de Oro. Entre Literatura e Historia*, ed. David García Hernán y Miguel F. Gómez Vozmediano, Madrid, Sílex, 2016, pp. 65-93.

Usunáriz, Jesús M., «Protestantes y protestantismo en la Navarra del siglo XVI» en *Reforma y disidencia religiosa. La recepción de las doctrinas reformadas en la Península Ibérica en el siglo XVI*, ed. Michael Boeglin, Ignasi Fernández Terricabras y David Kahn, Madrid, Casa de Velázquez, 2018, pp. 245-260.

Usunáriz, Jesús M., *«Verbum maledictionis*. La blasfemia y el blasfemo de los siglos XVI y XVII», en *Aportaciones a la historia social del lenguaje: España siglos XIV-XVIII*, ed. Rocío García Bourrellier y Jesús M. Usunáriz, Madrid, Iberoamericana, 2005, pp. 197-234.

Usunáriz, Jesús M., «La violencia verbal entre marido y mujer en los siglos XVI y XVII», *Melisendra. Journal of Spanish Early Modernity Studies*, 1, 2019, pp. 70-86

Usunáriz, Jesús M., «La violencia doméstica en la España de los siglos XVI y XVII: el ejemplo del reino de Navarra», en *La violencia en el mundo hispánico en el Siglo de Oro*, eds. J. M. Escudero y V. Roncero, Madrid, Visor Libros, 2010, pp. 375-394.

Usunáriz, Jesús M., «Un análisis de los insultos en el Quijote desde la historia social del lenguaje», *Anales cervantinos*, 49, 2017, pp. 59-73.

ARCHIVOS COLABORADORES

AGN: Archivo Real y General de Navarra

AHN: Archivo Histórico Nacional

BN: Biblioteca de Navarra

AGRADECIMIENTOS

Archivo Histórico Nacional

Biblioteca de Navarra

Museo del Prado

Museo del Louvre

Biblioteca Real, Castillo de Windsor

Royal Picture Gallery Mauritshuis

Fitzwilliam Museum

Staatliche Museen

Museum voor Schone Kunsten Gante

Gemäldegalerie de Berlín

Bibliothèque Nationale de France

Los Angeles County Museum of Art

Museo Hermitage